Herrenalber Texte

Herausgegeben von Wolfgang Böhme

---

66 Evolution und Sprache
Über Entstehung und Wesen der Sprache

75 Ontogenese wiederholt Phylogenese!
80 multifunktionale Globalworte beim Kind
86 ohne Sprache keine Wissenschaft

D1731368

Evolution und Sprache

Über Entstehung und Wesen der Sprache

Beiträge von Karl J. Narr, Hanuš Papoušek,
Mechthild Papoušek, Helmut Gipper, Hans-Georg Gadamer,
Otto Pöggeler und Wolfgang Böhme

Herausgegeben von
Wolfgang Böhme

© 1985 Dr. Wolfgang Böhme, Karlsruhe; Herstellung: Verlagsdruckerei Gebr. Tron KG, Karlsruhe; Umschlaggestaltung: Helmut Sigle, Engelsbrand; Lektorat: Ralf Stieber; Titelbild: Menschlich-tierische Mischgestalt: Ritzung und Malerei auf einer Wand der Höhle Trois Frères (Ariège), Frankreich. Mit freundlicher Genehmigung von Herrn Prof. Dr. Karl J. Narr, Münster; Auslieferung: Dr. Wolfgang Böhme, Evangelische Akademie Baden, Postfach 22 69, 7500 Karlsruhe 1; Printed in Germany.
ISBN 3-88450-066-X

Inhalt

Vorwort

Was ist Sprache? Wie ist sie entstanden? Irgendwann im Verlauf des Evolutionsprozesses müssen offenbar Wesen aufgetreten sein, die sich nicht mehr nur durch Zeichen und einzelne Laute, sondern durch Worte und Sätze verständigten und einander damit komplizierte Mitteilungen machen konnten. Aber wann war das und wie ist das zugegangen? Offensichtlich mußten körperliche und geistige Voraussetzungen gegeben sein, damit Sprechen überhaupt möglich wurde. Gleichzeitig aber war die Sprache ihrerseits die entscheidende Voraussetzung dafür, daß sich das Denken entfalten und der Mensch seinen Weg durch die Geschichte antreten konnte.

Die nachfolgenden Beiträge, die auf eine Tagung der Evangelischen Akademie Bad Herrenalb zurückgehen, sind darum bemüht, das Rätsel der Sprachentstehung aufzuhellen. Dabei spielt auch der Versuch, aus der genauen Beobachtung der Sprachentwicklung des Kindes Rückschlüsse auf die Entwicklung im Verlauf der Stammesgeschichte zu ziehen, eine wichtige Rolle.

Gott hat die Welt durch sein Wort erschaffen und erhält sie durch sein Wort – so sagt es die Bibel. Der Mensch, als Ebenbild Gottes, vermag Gottes Stimme zu hören und ihr zu antworten. In solchem Dialog mit Gott tritt die Sprache in ihre höchste Möglichkeit ein. Wissen wir das, und welchen Gebrauch machen wir davon? Auch diese Frage gehört zum Themenkreis »Evolution und Sprache«.

Karlsruhe, Dezember 1985   Dr. Wolfgang Böhme

Karl J. Narr

Frühmensch und Sprache

Wir gehen im allgemeinen mit großer Selbstverständlichkeit davon aus, daß Sprachfähigkeit eine bezeichnende Eigenschaft des Menschen sei. Wenn wir indes Aussagen machen wie die, daß ein irdisches Wesen, das sprechen kann, ein Mensch sei, oder die, daß ein gesunder und erwachsener Mensch eben sprechen könne, sonst wäre er keiner, so sind das grundlegende anthropologische Feststellungen, die ihrerseits wiederum auf anthropologischen Voraussetzungen beruhen. Welche aber sind das?

Geleitet werden wir von der Erfahrung, daß alle Menschen, denen wir begegnen, zu sprechen vermögen, zumindest von einem bestimmten Alter an, und wenn sie nicht dazu in der Lage sind, führen wir das auf Mängel in der Entwicklung, auf Krankheiten oder Unfälle zurück. Den gleichen Sachverhalt treffen wir in dem, was uns von fremden Völkern und fernen Ländern berichtet wird. (Die von einigen gehegte Hoffnung, daß man auch einmal auf ein besonders primitives Volk stoßen werde, das keine Sprache besitzt, ist längst zerronnen.) Des weiteren sind wir überzeugt, daß auch früher die Menschen Sprache besaßen, denn wir kennen ja genug schriftliche Zeugnisse, die Sprachliches und die Sprache selbst wiedergeben. Zudem wissen wir, daß es Menschen gibt, die sprechen, aber nicht lesen und schreiben können, und auch das übertragen wir wieder mit einiger Selbstverständlichkeit auf die Vergangenheit und gehen davon aus, daß Menschen sprechen konnten, bevor die Kunst des Schreibens und Lesens aufkam.

Diese Fertigkeit ist seit etwa fünftausend Jahren bekannt, zunächst im Nahen Osten. Schreiten wir ganz schematisch nochmals fünftausend Jahre zurück, also in das 8. Jahrtausend v. Chr., sehen wir zum Beispiel beim heutigen Jericho die Ruinen einer stadtartigen Siedlung von rund vier Hektar Flächenausdehnung, umgeben von einer Mauer aus Steinen, die bis zu 1,75 m stark ist, und vor dieser Mauer einen über 8 m breiten und mehr als 2 m tiefen Graben in den Felsboden hineingearbeitet. Im Inneren der Anlage treffen wir unter anderem auf ein kegelstumpfförmiges, solide aus Stein aufgeführtes Bauwerk von 9 m Durchmesser und heute noch 8 m Höhe mit einem Treppengang, der von oben in einen tief gelegenen Innenraum führt. In einer etwas späteren Zeit stoßen wir in der Osttürkei auf ebenfalls komplizierte Bauten, unter anderem mit regelrechten Terrazzofußböden, das heißt einer beachtlichen handwerklichen Technik.

Das mag genügen als Beispiel für Beobachtungen, bei denen wir — zumeist unbewußt — auf ein Maß von Planung und Zusammenarbeit, von Lernen und Anleitung schließen, das wir uns einfach nicht ohne sprachliche Verständigung vorstellen können. Wenn das aber hier noch einigermaßen klar ist, wie steht es, wenn wir weiter zurückgehen, wenn wir in Zeiten kommen, in denen auch die kulturellen Zeugnisse immer dürftiger werden, und gar, wenn wir schließlich auf Menschen oder menschenartige Wesen treffen, bei denen doch einige Dinge anders sind, zum Beispiel der Schädel anders proportioniert, das Hinterhaupt weiter ausladend, die Stirn und der Unterkiefer zurückfliehend, oder wenn gar der Schädelinhalt und damit offenbar auch die Größe des Gehirns geringer wird? Da geraten wir ins Schwanken, und hier gerade wird viel vorausgesetzt, gibt es im strengen Sinne Voraus-Setzungen, vorweggenommene Urteile, Vor-Urteile.

Es hat wenig Sinn, sich darüber Täuschungen hinzugeben; nützlicher ist es, sich diese Voraussetzungen und Vorurteile bewußt zu machen. Dabei stoßen wir jedoch sofort darauf, daß auch sie nicht immer gleich sind und sich keineswegs nur mit den Fortschritten der Wissenschaft wandeln, sondern auch geistigen Strömungen, ja Moden, unterworfen sind. Das ist »ein weites Feld«, und es soll hier bei dem Versuch bleiben, zu umreißen, wie etwa während der letzten hundert Jahre sich die Auffassungen in der Urgeschichtsforschung des öfteren geändert haben, weil die Fortschritte der Forschung dazu zwangen, die alten Vorstellungen zu revidieren, aber auch wie neue Voraussetzungen und neue vorweggenommene Urteile die Meinungen gefärbt haben. Dabei ist es notwendig, stark zu vereinfachen und im wesentlichen auf etwa vier Stufen hinzuweisen, – Stufen im unterschiedlichen Sinne: zum ersten als ein rein zeitliches Fortschreiten, obwohl da vieles nebeneinander herläuft und das alles nicht scharf zu trennen ist, sondern sich lediglich in Schwerpunkten aneinanderreihen läßt; zum zweiten Stufen des Fortschritts der Wissenschaft, des Gewinns und der Verarbeitung neuer Kenntnisse und Erkenntnisse, die – und das ist das dritte – zugleich Stufen des Rückschreitens in die Vergangenheit sind, weil nämlich dabei immer ältere Dinge erfaßt werden, immer »tiefere« Stufen. Zum Schluß wird natürlich auch die Frage zu stellen sein, wo wir denn heute in dieser Hinsicht stehen, das heißt von welchen Voraussetzungen wir nun ausgehen, von welchen man denn vernünftigerweise ausgehen darf oder wo verschiedene möglich sind.

Vorweg »Der Wilde«

Seit dem Entdeckungszeitalter wuchs das Interesse an den Einwohnern ferner Länder, den »Wilden«. Das Wort war keineswegs unbedingt abwertend gemeint, sondern verband sich mit dem »Unverdorbenen« und führte gar zum Bild vom »edlen Wilden«, das aber zumal im 19. Jahrhundert mehr und mehr ersetzt wurde durch die Vorstellung vom rohen Wilden, der höherer Regungen unfähig war; das Wort »primitiv« erhielt einen wertenden Sinn: Was vom Standpunkt des Kulturmenschen, insbesondere des viktorianischen Bürgers, besonders roh und abscheulich war, mußte auch besonders alt sein. Das Aufkommen der Entwicklungslehre und ihr schließlicher Durchbruch hatten an diesem Wandel einen nicht geringen Anteil. Das vorgefaßte Bild bestimmte zum Beispiel selbst die Eindrücke eines scharfsinnigen Naturbeobachters wie Charles Darwin. Bei zwei sehr kurzen Aufenthalten lernte er die Feuerländer kennen als »elende Kreaturen«, Zeugen für einen solchen »Unterschied zwischen einem wilden und einem zivilisierten Menschen«, daß »man sich kaum zu dem Glauben verstehen kann, daß sie unsere Mitgeschöpfe und Bewohner ein und derselben Welt sind«. Für ihn war klar, daß diese nackten oder halbnackten und bemalten, kreischenden und sich wild und würdelos bewegenden Wesen keinerlei höherer Regungen fähig waren. Die Grundzüge eines solchen Bildes blieben auch der beginnenden prähistorischen Archäologie für die Interpretation ihrer Befunde mehr oder weniger vorgegeben.

1863 veröffentlichte der eigentliche Begründer moderner Geologie, Charles Lyell, sein wichtiges Werk »Das Alter des Menschengeschlechtes auf der Erde und der Ursprung der Arten durch Abänderung, nebst einer Beschreibung der Eis-Zeit in Europa und Amerika« (so deutsch 1874), und nur zwei Jahre später bot der an der Altertumsforschung interessierte Politiker und Publizist John Lubbock (später Lord Avebury) eine Zusammenfassung der damaligen Kenntnisse unter dem Titel »Die vorgeschichtliche Zeit, erläutert durch die Überreste des Alterthums und die Sitten und Gebräuche der jetzigen Wilden« (so deutsch 1874). Damit gab er nicht nur der neuen Wissenschaft einen Namen »Vorgeschichte« (im Deutschen auch »Urgeschichte«), sondern er definierte über die schon gängige Einteilung in Stein-, Bronze- und Eisenzeit hinaus eine Unterscheidung von Älterer Steinzeit (= Paläolithikum) im »Driftzeitalter« (= Eiszeitalter) und Jüngerer Steinzeit (= Neolithikum). Für die ältere Steinzeit war man sogar bald zu einer weiteren Gliederung gelangt, die sich zwar anderer Bezeichnungen bedient hat, aber im großen und ganzen schon die heutige Aufteilung zeigt (in der Reihenfolge Jung-, Mittel- und Altpaläolithikum sowie einer erst viel später erschlossenen Anfangsphase, die teils als erster Abschnitt des Altpaläolithikums, teils als ein eigenes frühestes Paläolithikum bezeichnet wird. Nicht ohne Hemmungen und in keinem Punkt ohne irgendwelche Ausnahmen und entsprechende Vorbehalte ist beim derzeitigen Forschungsstand allerdings eine schematisch-tabellarische Korrelierung mit den Hominidenformen möglich (Abb. 1).

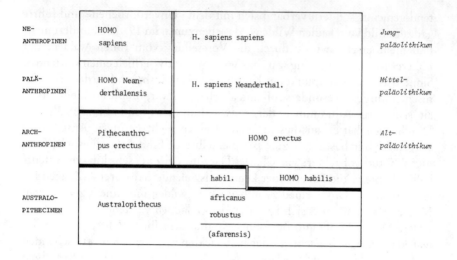

NE- ANTHROPINEN	HOMO sapiens	H. sapiens sapiens	*Jung-* *paläolithikum*
PALÄ- ANTHROPINEN	HOMO Nean- derthalensis	H. sapiens Neanderthal.	*Mittel-* *paläolithikum*
ARCH- ANTHROPINEN	Pithecanthro- pus erectus	HOMO erectus	*Alt-* *paläolithikum*
AUSTRALO- PITHECINEN	Australopithecus	habil. HOMO habilis africanus robustus (afarensis)	

Abb. 1 Übersicht der Hominiden-Formen (innerhalb der Umrahmung links ältere, rechts neuere Bezeichnungsweisen; übereinander bei Australopith. keine zeitl. Folge, mit Ausnahme von »afar«).

Der ersten eingehenden Gliederung durch Gabriel de Mortillet (1883) war bereits etwa ein Vierteljahrhundert Ausgrabungstätigkeit vor allem in Frankreich vorausgegangen. Wo aber setzte man Pickel, Schaufel und Kratzeisen an? Natürlich dort, wo man gute Aussichten hatte, etwas zu finden, und das war in Höhlen, denn das sind bestimmte begrenzte Punkte, an denen man Chancen hat, etwas anzutreffen; im übrigen Gelände müßte man lange suchen und ist im Grunde auf den Zufall angewiesen. So kam bereits ein erstes Vorurteil zustande: Der »Urmensch« ist ein »Höhlenmensch«! Dabei kann zum einen natürlich das Wort »Urmensch« nur eine Chiffre sein, unter der wir zusammenfassen, was wir von den frühesten uns bekannten Menschen wissen, zum zweiten aber stammen auch die damals bekannten ältesten Funde nicht aus Höhlen, denn der Aufenthalt von Menschen in Höhlen wurde erst verhältnismäßig spät in größerem Umfange üblich. Das war bereits wohlbekannt, doch selbst weitere hundert Jahre der Forschung haben offensichtlich nicht ausgereicht, die Redensart vom »Höhlenmenschen« zu erledigen. Wenn sie solche Wurzeln geschlagen hat, so im Grunde deshalb, weil das Bild so schön »primitiv« ist: Der Mensch, von Natur unbehaust, in Höhlen flüchtend vor der Witterung, nicht fähig, sich selbst eine Behausung zu bauen, – dem liegt das zum Beispiel von J. Lubbock ausdrücklich mit der Entwicklungslehre (einschließlich einer Form des biogenetischen Grundgesetzes) verbundene Vor-Urteil vom geistig unzulänglichen, vom rohen und wilden Urmenschen zugrunde.

12

»Stufe 1−3«: Schritte in die Urgeschichte

Der jüngere Teil der älteren Steinzeit,[1] das Jungpaläolithikum (Abb. 1), beginnt nach unseren derzeitigen Kenntnissen in Europa vor etwa 35.000 Jahren. Die Menschen jener Zeit sahen im Prinzip so aus wie die heutigen; die damaligen Bewohner unseres Erdteils kann man in einem weiteren Sinne sogar den Europiden zuordnen. Dennoch wurden auch sie zunächst mehr oder minder als geistig-moralisch unzureichende Wesen betrachtet, nicht viel anders als die neuzeitlichen »Wilden«. Die Spuren der Tätigkeit des Menschen jener Zeit bestehen in der Hauptsache aus Steinwerkzeugen, die oft sehr fein und aus schmalen Klingen gefertigt sind (vgl. Abb. 2), daneben Waffen und Werkzeuge aus Knochen, Elfenbein und

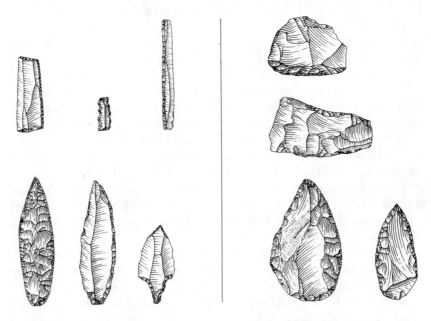

Abb. 2 Steinwerkzeugformen aus dem Jungpaläolithikum (links) und Mittelpaläolithikum (rechts); Maßstab etwa 1 : 4.

Geweih. An den Fundstellen gibt es zudem reichlich Knochen von Tieren, die zerlegt und also wohl verzehrt waren; man schloß daraus auf eine jägerische Lebensweise. Darüber wird leicht übersehen, daß in Wirklichkeit auch die Pflanzennahrung einen ganz erheblichen Anteil gehabt haben muß; doch davon blieb kaum jemals etwas erhalten.

Die menschlichen Skelette jener Zeit sind zu einem großen Teil in Gräbern gefunden und von de Mortillet sehr kritisch gewertet worden: Er lehnte das eiszeitliche Alter sicherlich bei einem Teil zu Recht ab, ging indes darüber hinaus so weit, daß er zwar Menschenfunde in einer Grube mit Beigaben von Waffen und Schmuck als Bestattungen anerkannte, aber annahm, daß sie sämtlich aus späterer Zeit stammten und bei der Beerdigung in die alten Schichten eingetieft waren. Für ihn stand fest:

> Das erste Ergebnis jeglicher religiöser Gedanken ist die Furcht vor dem Tod oder doch zumindest die Furcht vor dem Toten. Daher kommt es, daß überall dort, wo religiöse Ideen auftauchen, Bestattungssitten eingeführt werden. Nun gibt es aber keinerlei Spur von Bestattungssitten in der ganzen Quartärzeit. Der quartäre Mensch hat deshalb jeglichen religiösen Gefühls entbehrt.

Das ist alles andere als eine nüchterne Folgerung aus den Sachverhalten, und in anderen Teilen seines Werkes wird ganz deutlich, daß für de Mortillet — wie für Lubbock und andere — von vornherein feststand, daß der eiszeitliche Mensch keine Religion gehabt haben könne; daher konnten und durften nach seiner Überzeugung die Bestattungen nicht so alt sein.

An einsamen Rufern in der Wüste hat es freilich, wie das wohl stets zu sein pflegt, auch nicht ganz gefehlt. Das zeigt sich zumal in der Einstellung zu den frühesten Werken bildender Kunst. Auch sie sind zunächst mißtrauisch aufgenommen worden, weil man dem primitiven Wilden der Urzeit derartiges einfach nicht zutraute, doch waren die Befunde in den Schichten so eindeutig, daß die Zweifel im Grunde um die Mitte der sechziger Jahre bereits verstummen mußten. Zudem fragt der Entdecker E. Lartet unbefangen, warum man dem frühen Menschen nicht ebensolche Schnitzwerke zutrauen dürfe wie einem Sennen des Berner Oberlandes, und Ch. Lyell meint, daß Lartets Entdeckungen »solche Beweise für die Intelligenz des paläolithischen Menschen beigebracht haben, daß es durchaus nicht unwahrscheinlich erscheint, daß derselbe ... seine Toten verbrannt oder beerdigt oder daß er sogar den Glauben an ein künftiges Leben genährt habe«. Dazu rechnet er auch die Verwendung von rotem Farbstoff und verweist dafür auf die Bräuche bei Indianern, die Friedrich Schiller zu seinem Gedicht »Nadowessische Totenklage« wiedergibt.

Mit einiger Verspätung kam es 1877 zu einer Auseinandersetzung im deutschen Sprachbereich. Damals griff — gewissermaßen schlichtend — Rudolf Virchow ein, der ja nicht nur ein bekannter Mediziner und Politiker war, sondern auch der eigentliche Begründer einer wissenschaftlichen Urgeschichtsforschung in Deutschland. Er befürwortete die Echtheit und das hohe Alter einiger umstrittener Kunstwerke, obwohl — und das ist hervorzuheben — seine Auffassung vom Frühmenschen eigentlich dagegen gesprochen hätte: Für ihn waren diese Kunstwerke »ein ungemein paradoxes Phänomen des menschlichen Geistes«, verlangen sie doch die Annahme, »daß ein Jägervolk, welches in seinen sonstigen Gewohnheiten die allerrohesten und wildesten Eigenschaften darbieten mußte ... diese Kunst so sehr zu entwickeln vermochte, daß sie ... eine Höhe und Vollkommenheit ... erreichte, welche noch heutigentags sehr schwer anzuerziehen wäre«. Hier finden wir konzentriert die ganze Diskrepanz zwischen der Einschätzung des Frühmenschen als eines völlig kulturlosen »Wilden« und dem entgegenstehenden objektiven Befund.

Betont wurde damals aber der angeblich sehr naturnahe Charakter dieser Kunstwerke, und auch dies wurde von de Mortillet in seine Gedankengänge eingebaut: »Die Eigenart jeglicher religiösen Konzeption ist es, sich auf das Übernatürliche zu richten und infolgedessen die Beobachtung durch die Einbildung zu ersetzen. Die einfachen und tatsächlichen Sachverhalte der Natur werden beiseitegeschoben, um freie Bahn zu schaffen für die ganzen abstrusen Vorstellungen einer abirrenden Einbildung. Nun gibt es aber keine Spur dieser Abirrung des Geistes, dieser Irrwege der Einbildung, in der gesamten Kunst« (des Jungpaläolithikums): »Wir müssen daraus schließen, daß der Mensch jener Zeit, ein hervorragender Künstler, keinerlei religiöse Vorstellungen besaß.« Der Zirkelschluß liegt auf der Hand.

Das Widerstreben gegen die Sprache der Befunde geht indes noch weiter. Damals waren bereits die Malereien an der Decke der Höhle von Altamira bekannt, denn ihr Entdecker hatte sie sogleich bekannt gemacht und unter anderem 1880 auf einem der ersten internationalen Kongresse für Prähistorische Anthropologie und Archäologie mitgeteilt. Doch nicht ein einziger der dort versammelten Gelehrten aus ganz Europa war zu bewegen, die Bilder selbst anzusehen! Daß man die kleinen Kunstwerke aus den Höhlenschichten akzeptieren mußte, war offenbar arg genug; jetzt auch noch mit solchen Gemälden konfrontiert zu werden, ging wohl zu weit: Diese Bilder, die auch uns noch unmittelbar berühren und vor denen wir teilweise staunend stehen, hätten ja womöglich den prähistorischen Menschen nicht als den »Wilden« gezeigt, für den man ihn hielt, sondern als Wesen, das uns wenigstens auf diesem Gebiet ebenbürtig scheint: Sie als Fälschungen zu betrachten, ja sogar als »Fallen spanischer Kleriker«, das war der Ausweg!

Erst nach der Jahrhundertwende wurde das hohe Alter allgemein anerkannt. Doch das bedeutete noch nicht, daß man sich nun etwa gesagt hätte: Wenn dem so ist, müssen wir auch unser Bild von den Menschen jener Zeit revidieren und sie im Grunde als uns ebenbürtig ansehen. Weit gefehlt, denn nun ging man mit großem Scharfsinn – vergleichbar der Interpretation der Kleinkunstwerke durch de Mortillet – daran, zu beweisen, daß die Bilder ja so und nicht anders hätten ausfallen können und müssen, weil die Menschen damals so primitiv waren.

Hier kann nicht auf die vielen Theorien eingegangen werden, die damals mühselig erarbeitet wurden und zum Teil auch heute noch umhergeistern. Es soll auch nicht die Kultur des Jungpaläolithikums im einzelnen geschildert werden, auch nicht, was wir aus den Bildern entnehmen können oder nicht, denn hier geht es uns ja im Grunde um noch älteres.

Doch eines muß wohl hinzugefügt werden: Als der schwedische Naturforscher Carl von Linné vor nunmehr zweieinhalb Jahrhunderten eine systematische Einteilung der Tierwelt vornahm, bezog er den Menschen in dieses System ein und schuf für ihn die Gattung »Homo« und dazu die nähere Artbezeichnung »sapiens«. Als man dann später andere Menschenformen kennenlernte, die in der einen oder anderen Hinsicht von uns abweichen, schränkte man den Namen »Homo sapiens« auf Menschen der heute lebenden Art ein. Entscheidend dafür war letzten Endes der Fund aus dem Neandertal. Ihm verlieh W. King 1864 die Bezeichnung »Homo neanderthalensis«, fügte jedoch gleich hinzu, daß dieses Wesen doch eigentlich als Affe betrachtet werden müsse, weil es ihm völlig an der Befähigung zu moralischen und religiösen Vorstellungen gemangelt habe! Das alles geriet in die scharfen Auseinandersetzungen um die Entwicklungslehre von Ch. Darwin, deren Anhänger den Neandertaler in eine Entwicklungslinie einspannten, zu der als noch ältere Stufe die Konstruktion eines »Pithecanthropus« gehört, eines »Affenmenschen« also. Diesem aber verlieh E. Haeckel 1895 das Epitheton »alalus«. Hier hatte man am Anfang also den sprachlosen und sprachunfähigen Affenmenschen.

An der Stelle, an die in dieser Konstruktion der Neandertaler zu stellen ist, finden wir bei Haeckel den »Homo stupidus«, einige Jahre später allerdings die Bezeichnung »Homo primigenius«, die 1897 von L. Wilser ausdrücklich auf den Neandertaler übertragen wurde. In der Tat betrachtete man ihn als den »Urmenschen« schlechthin. Man hatte lange Zeit keine annähernden Anhaltspunkte für sein wirkliches Alter; die Datierung war zum Beispiel bei de Mortillet ganz einfach: Der älteste und primitivste Mensch wurde dem frühesten und einfachsten bekannten Steinwerkzeug zugeordnet. So geriet der Neandertaler zunächst in den Beginn des Altpaläolithikums, während er tatsächlich dem Mittelpaläolithikum zuzuweisen ist (vgl. Abb. 1).

Der Neandertaler war noch Jahrzehnte nach seiner Entdeckung nicht objektiv datierbar, und bekanntlich glaubte R. Virchow die Besonderheiten dieses Menschen durch krankhafte Veränderungen und Verletzungen hinreichend erklären zu können. (Die oft Virchow ebenfalls zugeschriebenen Meinungen, es handle sich um einen Kosaken, um einen Idioten usw., stammen nicht von ihm, sondern von anderen!) Obwohl er mit seiner Auffassung, der Neandertaler sei kein Repräsentant einer alten Menschenrasse, nicht recht behielt, hätte man doch seinen anderen Erklärungen des Sachverhaltes mehr Aufmerksamkeit schenken sollen. Wenn auch einige Eigenarten sicher nicht auf Rachitis im Kindesalter zurückzuführen sind, bleibt genug übrig, wenn Virchow sagt: »Wir können daher meiner Meinung nach mit voller Sicherheit schließen, daß das fragliche Individuum ... dann eine längere Periode kräftiger Tätigkeit und wahrscheinlicher Gesundheit durchlebt hat, welche nur durch mehrere Schädelverletzungen, die aber glücklich abliefen, unterbrochen wurden, bis sich später Arthritis deformans mit anderen, dem höheren Alter angehörenden Veränderungen einstellte, ... insbesondere der linke Arm steif wurde, daß aber trotzdem der Mann ein hohes Greisenalter erlebte. Es sind dies Umstände, welche auf einen sicheren Familien- oder Stammesverband schließen lassen, ... denn schwerlich dürfte« sonst »eine so vielgeprüfte Persönlichkeit bis zu einem hohen Greisenalter hin sich zu erhalten vermögen.« (Es war also im Grunde die Vorstellung vom »ungesellgen Wilden«, die bei der Ablehnung des hohen Alters mitgewirkt hat.) Es hat bis in die sechziger Jahre unseres Jahrhunderts gedauert, daß man sich dieser Worte wieder erinnerte,[2] und dies im Zusammenhang mit einem Fund eines Neandertalers in der Höhle von Shanidar im irakischen Kurdistan. Er war etwa 45−50 Jahre alt, das heißt für damalige Verhältnisse wohl ein Greis, und zeigt ähnliche Alterserscheinungen wie alle uns bekannten einigermaßen alten Neandertaler. Der Mann dürfte schon von Geburt an körperlich behindert gewesen sein, wahrscheinlich auf dem linken Auge blind; sein rechter Arm, sein Schlüsselbein und Schulterblatt haben volle Entwicklung erfahren, und zudem war der Arm oberhalb des Ellbogens zu Lebzeiten amputiert worden; zu einer ausgedehnten Knochengewebsnarbe auf der linken Seite des Gesichtes kommen einige vor dem Tod verheilte Verletzungen auf der rechten oberen Schädelhälfte. Was Virchow für den Mann aus dem Neandertal gesagt hat, gilt hier erst recht: Nur in der Sicherung durch eine Gemeinschaft, nur unter deren Fürsorge, hat er sein hohes Alter erreicht.

Dieser Tote war wahrscheinlich ebenso wie andere an dieser Fundstätte beigesetzt worden, und das gleiche gilt für den bereits 1886 entdeckten Fund von Spy in Belgien, der die entscheidende Wendung in der Datierungsfrage hätte bringen können. In einer Schicht, die nach den charakteristischen Steinwerkzeugen eindeutig dem mittleren Paläolithikum zuzuweisen ist, lagen zwei Skelette so, daß schon die Ausgräber mindestens für eines den Gedanken an eine Bestattung erwogen; sie gingen aber davon wieder ab, weil sie der gleichen Auffassung waren wie de Mortillet, »daß der fossile Mensch seine Toten nicht bestattete«. Erst in den Jahren zwischen 1903 und 1912 wurde eine Anzahl von weiteren Bestattungen von Neandertalern ausgegraben. Auch dabei gab es zunächst Zweifel, aber die waren dann noch nicht aufrechtzuerhalten, und später kamen doch weitere Funde hinzu.

Erwähnt sei nur ein kleiner »Friedhof« von La Ferrassie, wo zwei Erwachsene in flachen Gruben mit angezogenen Beinen und angewinkelten Armen ruhen, ein Mann mit dem Kopf im Westen, eine ältere Frau mit dem Kopf im Osten; ob dabei gefundene Tierknochen und Steinwerkzeuge wirklich Beigaben waren, läßt sich nicht mit Sicherheit sagen. In zwei kleinen Gruben lag jeweils das Skelett eines drei- bis fünfjährigen Kindes, und in einem Falle fanden sich drei besonders schöne Steinwerkzeuge unmittelbar oberhalb der Grube; ähnlich steht es mit einer ovalen Grube und den schlecht erhaltenen Resten eines neugeborenen (oder totgeborenen)

Kindes, bei dem wiederum drei besonders gut gearbeitete Steinwerkzeuge in gleicher Ausrichtung wie das Grab entdeckt wurden. Dazu kommt eine andere Grube, an deren tiefster Stelle das Skelett eines Kindes mit angezogenen Beinen lag, während der nicht vollständig erhaltene Schädel sich einen Meter vom Körper entfernt am anderen Ende der Grube fand, unmittelbar auf dem Skelett aber wieder Steinwerkzeuge angetroffen wurden.

Gewiß sind Grabgruben meist durch mehrere Schichten eingetieft, in denen auch wieder Fundstücke liegen, so daß dabei manches durcheinander geraten kann und Grabbeigaben oft nicht sicher zuzuordnen sind: Aber an einem Fundort dreimal drei besonders schöne Artefakte jeweils über einem Kindergrab und in ähnlicher Ausrichtung wie die Grabgrube, das ist des Zufalles zuviel. Hier sind offenbar Kindern, in einem Fall sogar einem Neugeborenen, das damit zu Lebzeiten gewiß nichts hat anfangen können, die Dinge in das Grab mitgegeben.

Eine getrennte Deponierung des Schädels scheint öfters vorzukommen. Das deutlichste Beispiel ist ein Fund in einer Höhle im Monte Circeo etwa 100 km südöstlich von Rom. Dort lag in der inneren Kammer auf der Oberfläche des Höhlenbodens der Schädel eines Neandertalers, dessen Hinterhauptsloch wahrscheinlich künstlich erweitert war. Vielleicht bietet ein solcher Brauch eine Erklärung dafür, daß überhaupt des öfteren Schädel allein anzutreffen sind und manchmal auch die Schädelbasis beschädigt scheint. Wenn Köpfe einfach auf der Oberfläche niedergelegt wurden, ist es natürlich nur unter günstigen Umständen möglich, daß so etwas überhaupt erhalten und kenntlich blieb.

Auf Einzelheiten der Lebensweise der Neandertaler kann hier nicht eingegangen werden; einige Stichworte müssen genügen: Nahrungsgrundlage war das Sammeln und Jagen, wobei man zumeist große Tiere bevorzugte, nicht kleinere und schnell bewegliche, und wenn auch über das Sammeln nur wenige direkte Zeugnisse vorliegen, ist zu beachten, daß bei vergleichbaren heutigen Völkern die vegetabilischen Nahrungsmittel oft bis zu Dreiviertel der Lebensgrundlage ausmachen. Obwohl die ältesten Funde von Neandertalern und sämtliche bisher bekannten Bestattungen aus Höhlen stammen, war der Neandertaler nicht einfach ein »Höhlenmensch«. Es gibt zahlreiche Fundplätze im freien Gelände, doch ist uns noch nicht allzu viel über die Wohnweise bekannt. Im Moldau-Gebiet der UdSSR ist ein rundlicher Wohnbau von etwa zehn Metern Durchmesser mit Feuerstellen zu erschließen, bei dessen Bau Mammutknochen verwendet wurden. Erheblich älter sind wahrscheinlich Befunde in einer Höhle in Frankreich, in der ein ziemlich großer Teil durch eine Steinsetzung abgeteilt war; ihre Eigenarten und die Verteilung der Feuerstellen im Inneren dieses Bereichs deuten darauf, daß hier aufrecht stehende Stangen ein gegen ein Felssims gelehntes Dach trugen. Das läßt uns etwas von Konstruktionen im Freiland ahnen.

18

Wichtig erscheinen noch einige Beobachtungen im Zusammenhang mit den Skelettfunden und den Gräbern: Schwere Verletzungen wurden schon erwähnt und sind mehrfach zu beobachten, doch ist zumeist nicht festzustellen, wodurch sie zustande gekommen sind. Lediglich bei einem Skelett in einer Fundstelle am Berg Karmel zeigen sich eindeutig Spuren einer Waffe. Man darf wohl damit rechnen, daß es Kampf und Totschlag gegeben hat. Indes steht dem das Erreichen eines hohen Alters gegenüber, auch wenn die betagten Menschen körperlich teilweise behindert waren. Das schließt zwar nicht aus, daß alte, schwache und kranke Menschen getötet oder eher einfach am Lagerplatz zurückgelassen wurden, wenn man weiterzog und sie nicht mitnehmen konnte, wie das auch heute oft genug geschieht; aber es ist offensichtlich nicht allgemein und durchgehend üblich, die mehr oder weniger nutzlosen Alten zu erschlagen, wie man es früher oft dargestellt hat. Die Bestattung der Toten deutet in die gleiche Richtung, denn auch sie war eine Art der Fürsorge für den Mitmenschen, und die Beigaben führen zu dem Schluß, daß dabei an eine irgendwie geartete Existenz nach dem Tode gedacht wurde, zumindest aber an ein Bewußtsein vom Tode und eine Auseinandersetzung mit dem Tode. Alles in allem jedenfalls hat sich das Bild vom Neandertaler heute ganz erheblich gewandelt, auch wenn das noch nicht überall durchgedrungen ist.

Diese veränderte Auffassung findet ein Spiegelbild in der zoologisch-anthropologischen Systematik: Im Hinblick auf andere, auf noch ältere Funde, die noch mehr vom heutigen Menschen abweichen, nicht zuletzt aber auch im Hinblick auf die veränderten Kenntnisse der Kultur des Neandertalers, wird er jetzt näher zum heutigen Menschen gerückt als zu voraufgehenden Menschenformen: Seit etwa zwei Jahrzehnten neigt man dazu, ihn ebenfalls zum »Homo sapiens« zu rechnen und ihn nur als Varietät der gleichen Art zu betrachten; die eher Stufen bezeichnenden Namen »Neanthropinen« und »Paläanthropinen« (Abb. 1) sind kaum noch gebräuchlich.

Wenn man mit der Zeit dazu gelangte, den »Homo sapiens« des Jungpaläolithikums als einen doch im Grunde vollwertigen Menschen zu betrachten, so wurde das sicherlich dadurch erleichtert, daß man ja einen älteren Menschen zur Verfügung hatte, auf den man die Vorstellungen vom primitiven Wilden übertragen konnte, eben den Neandertaler. Ähnlich hat sich auch das Bild vom Neandertaler nicht zuletzt deshalb wandeln können, weil man wiederum eine Ausweichmöglichkeit nach rückwärts erhielt, seit man den postulierten »Pithecanthropus« näher kennenlernte.

Als 1894 in Java ein Schädeldach gefunden wurde und dabei ein Langknochen, der darauf hinzudeuten schien, daß dieses Wesen aufrecht ging, prägte man die Artbezeichnung »erectus«, also den aufrecht gehenden Affenmenschen. (Der sprachunfähige Affenmensch wurde dann in den Stammbäumen eine Stufe weiter zurückgeschoben.) Über seine Lebensweise, seine Werkzeuge usw. ist nichts bekannt. Wenn man ihm sehr einfache, aber ebenfalls undatierte Steinwerkzeuge zuweist, so geht man einmal davon aus, daß jeweils das primitivste auch das älteste zu sein habe, zum anderen aber davon, daß sich ähnlich Einfaches auch bei dem Pithecanthropus (»Sinanthropus«) bei Peking findet.

In den zwanziger und dreißiger Jahren wurde bei Choukoutien nicht weit von Peking eine Anzahl von Schädelteilen gefunden, etwa 40 Schädeldächer und Reste davon, hingegen nur wenige Unterkiefer und noch weniger Langknochen, also eine recht einseitige Auswahl. Die Schädelkapazität ist geringer als die der heutigen Menschen und der Neandertaler und ein Grund dafür, diesen Pithecanthropus stärker abzusetzen als die Neandertaler. Sie liegt aber zum größten Teil noch innerhalb der unteren Variationsbreite neuzeitlicher Menschen.

Wenigstens weiß man über diesen »Pekingmenschen« auf anderem Gebiet etwas näher Bescheid: Bekannt wurden Steinwerkzeuge, die noch von durchweg sehr roher Art, jedoch eindeutig künstlich gefertigt sind (Abb. 3).

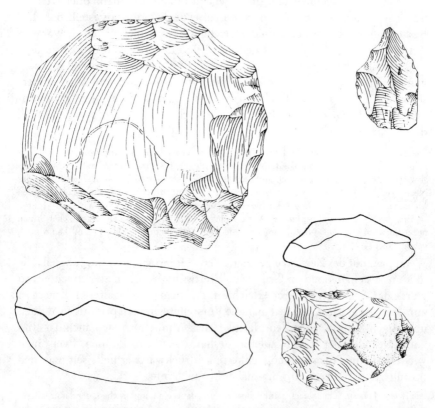

Abb. 3   Steinwerkzeuge von Choukoutien bei Peking; Maßstab etwa 1 : 4.

Es gibt in den verschiedenen Lagen der Fundstelle Spuren von Feuern und Feuerstellen. Ernährt haben sich die Menschen wahrscheinlich vom Sammeln von Pflanzen, unter anderem solchen mit kirschenartigen Kernen, sicher auch von der Jagd, bei der zwei große Hirscharten und eine Wildschweinart bevorzugt wurden. Bei den Schädeln ist teilweise — soweit noch erhalten — anscheinend das Hinterhauptsloch erweitert worden. Daß weitaus mehr Schädel vorliegen als andere Skeletteile, läßt vermuten, daß sie hier in irgendeiner Form deponiert worden sind. Die Erweiterung des Hinterhauptsloches, die auch bei Neandertalern vorkommt, interpretiert man im allgemeinen als Anzeichen für die Entfernung des Gehirns. Von da war natürlich kein großer Schritt mehr zum Gedanken an Kannibalismus. Der aber müßte dann an anderer Stelle stattgefunden haben, von der man die Schädel und die wenigen anderen Knochenreste an die Fundstelle von Choukoutien gebracht hätte. Was wir wirklich feststellen können, ist lediglich, daß die Schädel offenbar eine besondere Behandlung erfuhren, und damit mag es hier sein Bewenden haben. Die geringe Gehirngröße der unter dem Sammelnamen »Archanthropinen« zusammengefaßten Pithecanthropus-Sinanthropus-Funde hat zunächst einmal daran zweifeln lassen, daß diese Wesen überhaupt in der Lage gewesen wären, sich Werkzeuge herzustellen oder das Feuer zu zähmen und zu nutzen; vielmehr seien dafür »höher« entwickelte Menschen zu postulieren. (Die wären es dann wohl auch gewesen, die den »Pekingmenschen« jagten wie anderes Wild und ihn aufaßen.) Inzwischen aber hat man diesen Gedanken fallenlassen und beurteilt die »Archanthropinen« anders, und auch das wird wieder — ähnlich wie bei den Neandertalern — dadurch erleichtert, daß man nun auf noch ältere Befunde zurückgreifen und die Vorstellung von den tierhaften Anfängen auf diese zurückverschieben kann.

Wieder hat sich das Bild verändert: Gewiß sieht man die »Archanthropinen« als deutlich von den Neandertalern verschieden an, doch gleichzeitig heben sie sich so stark von noch älteren Funden ab, daß man seit gut dreißig Jahren mehr und mehr dazu übergeht, sie in die Gattung »Homo« einzubeziehen. Man spricht heute deshalb — nicht besonders glücklich — vom »Homo erectus«. (Der Vorschlag, auch diesen Homo erectus nur noch als Varietät oder Unterart anzusehen, und »Homo sapiens erectus« zu sagen, hat allerdings bisher noch nicht viel Anklang gefunden.) In diese Bezeichnung einbezogen wird zumeist auch eine Anzahl anderer Funde, die eigentlich nicht strikt dem Pithecanthropus/Sinanthropus entsprechen. (Einige wenige stehen sogar in mancher Hinsicht dem Homo sapiens näher als die Neandertaler.) Es handelt sich eher um einen Sammelbegriff für Fossilien des afrikanisch-europäischen Altpaläolithikums (aber wohl nicht seines Endstadiums).

In Afrika und später auch in Europa gibt es im Altpaläolithikum eine besonders hervorstechende Werkzeugform, die von den einfachen Dingen beim »Pekingmenschen« erheblich abweicht, den Faustkeil (Abb. 4). (Er ist alles andere als das »älteste Universalwerkzeug der Menschheit«, wie man oft genug noch lesen kann; doch darauf wird noch zurückzukommen sein.) Faustkeile kennen wir zum Beispiel an einem Elefantenjägerplatz bei Torralba (Spanien), der etwa vierhunderttausend Jahre alt sein mag oder mehr. Dort hat man ausnahmsweise auch einmal Bruchstücke aus Holz gefunden, zum Teil vielleicht von Lanzen oder Grabstöcken, einige indes

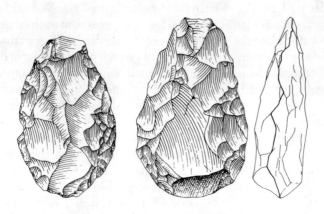

Abb. 4   Faustkeile (von mittlerer Qualität) von Torralba (Spanien); Maßstab etwa 1 : 4.

von einer Art, die man nicht erklären kann. Ebenso können wir über die Nutzung des Feuers nichts näheres sagen. Über Wohnungen ist an diesem Platz nichts zu ermitteln, wohl aber an einer ähnlich alten Fundstelle von Terra amata (Nizza). Besonders gute Erhaltungsbedingungen zeigen uns hier Behausungen von acht bis neun Meter Länge, rundliche Befestigungen aus Steinen, sorgsam hergerichtete Feuerstellen mit kleinen Steinsetzungen als Windschutz, in einem Fall noch Abdrücke von Tierfellen in der Nähe der Feuerstelle, wohl der eigentlichen Lager- oder Schlafstätte, dazu Schlagplätze für Feuersteinwerkzeuge, einen halbkugeligen Abdruck im Boden, der möglicherweise von einem Holzgefäß stammt.

Alles in allem lohnt es sich, die Befundsituation bei den Neandertalern und den Altpaläolithikern zu vergleichen: Wir können daraus ersehen, wie zurückhaltend wir angesichts der trümmerhaften archäologischen Quellen sein müssen. Bestattungen als Zeugnisse für ein Bewußtsein vom Tode und eine Auseinandersetzung damit, kennen wir aus dem Altpaläolithikum nicht. Aber dürfen wir daraus schließen, daß es auch keine entsprechenden Vorstellungen gegeben habe? Es ist zu bedenken, daß Bestattungen von Neandertalern nur in bestimmten Zeitabschnitten und nur in Höhlen vorkommen, zudem nur in Gruppierungen, die sich auch durch Besonderheiten der Steinwerkzeuge von anderen abheben lassen: Sie dürfen also nicht als eine allgemein-mittelpaläolithische Erscheinung gelten. Im Altpaläolithikum werden wir hingegen Bestattungen in Höhlen kaum erwarten, weil wir fast keine Funde aus Höhlen kennen. Einen guten Befund wie den aus dem Monte Circeo gibt es auch nicht, aber eben doch Hinweise darauf, daß das Hinterhauptsloch erweitert und Schädel deponiert waren, für welchen Zweck auch immer. (Schließlich kennen wir durch die Funde in Terra amata mehr über die Wohnbauten als bei den Neandertalern, ohne daß wir diesen deswegen die Befähigung absprechen wollten, sich Behausungen einer Art zu errichten, die schon in älterer Zeit belegt ist.) Sehen wir einmal von den Bestattungen ab, sind alle wesentlichen Elemente, die wir von den Neandertalern kennen, auch im Altpaläolithikum vorhanden, und ein Fehlen von Belegen muß ja nicht ein Beleg für das Fehlen sein.

»Zwischenbilanz«: Frühkultur ohne Sprache?

Wir sehen, daß in jeder der hier behandelten drei »Stufen« sich das Bild von den jeweiligen Menschen stark geändert hat, immer aber mitbedingt dadurch, daß man weiter zurückschreiten und Erscheinungen erfassen konnte, auf die man dann das Bild vom tierhaften Anfang anzuwenden vermochte. Für den »Homo erectus« zögert man in mancher Hinsicht noch; den Neandertaler hingegen hat man schon recht nahe zum »Homo sapiens« des Jungpaläolithikums gerückt und ihn als eine mittelpaläolithische Variante des Homo sapiens (im weiteren Sinne) eingeordnet. Hingegen zieht man auf kulturellem Gebiet den Schnitt zwischen dem Mittel- und dem Jungpaläolithikum schärfer als voraufgehende, vor allen Dingen wegen des Auftretens einer bildenden Kunst.

Das Verhältnis von Neandertalern und Homo sapiens ist auch zu einem Thema moderner Romanliteratur geworden. Noch in einem bereits vor Jahrzehnten erschienenen Buch des nunmehrigen Nobel-Preisträgers William Golding (»The Inheritors«/»Die Erben«) wurde zu diesem Zweck ein rechtes Halbtier kreiert (bezeichnend für die »Anthropologie« Goldings auch sein »Lord of the Flies«/»Der Herr der Fliegen«); in einigen Büchern aus den letzten Jahren hingegen geht es eher um eine Art von »Ehrenrettung« der Neandertaler, zumal bei Jean M. Auel (»The Clan of the Cave Bear«/»Ayla und der Clan des Bären« — inzwischen auch verfilmt — und »The Valley of Horses«/»Das Tal der Pferde«) sowie Barbara von Bellingen (»Tochter des Feuers«: teilweise fast wie eine Parodie auf Auel wirkend). Als Heldin fungiert einmal eine Sapiens-Dame, die von einer Neandertalerin liebevoll aufgezogen und in die weiblichen Künste eingeweiht worden ist, zum anderen eine dank glücklicher Fügung übriggebliebene und schließlich von einer Sapiens-Gruppe akzeptierte Neandertalerin. In allen Fällen (auch bei Golding) wird vorausgesetzt, daß die neuen Menschen in das Land der Neandertaler eindringen, deren im großen und ganzen friedliche Welt zerstören und die Neandertaler ausrotten, sind diese »Flachschädel« für die neuen Menschen doch im Grunde nur Tiere. (Was Wunder, daß die neue Rasse in diesen Romanen großgewachsen, blond und blauäugig ist.) Nur langsam und nur in persönlichem Kontakt lassen sich die Eindringlinge eines besseren belehren, und für sie ist »die Vorstellung, daß Flachschädel ihre Toten bestatteten, ... am schwersten nachzuvollziehen. Tiere bestatteten ihre Toten nicht. Nur Menschen dachten darüber nach, woher sie kamen und wohin sie nach diesem Leben gehen« (J. M. Auel, Tal der Pferde, S. 500). Zwar sind die Neandertaler in manchen Punkten, zumal wo es um »Erdverbunden-Weibliches« geht, den neuen Menschen sogar überlegen, bringen sie doch Naturheilkundlerinnen von hohem Rang hervor. Aber irgendwo hapert es doch, zumal bei der Sprache: Sie können nicht richtig artikulieren und deshalb manches an den Sprachen der anderen nicht erlernen, sondern müssen es sich vereinfachen.

Wie steht es mit unserem eigentlichen Thema, der Frage nach der Sprache? Sie hat schon de Mortillet beschäftigt, und er zog dabei einen Unterkiefer von La Naulette (Belgien) heran, von dem man damals nicht wußte, ob er zu den Neandertalern gehört, der aber jedenfalls als »primitiv« und dementsprechend alt eingestuft wurde. Es schien de Mortillet, daß dieser Unterkiefer keine artikulierte Sprache ermöglicht habe: »Das ist die Feststellung eines neuen Übergangs, eines neuen Zwischenstadiums zwischen dem heutigen Menschen und den Menschenaffen.«

In jüngerer Zeit ist erneut die Auffassung vertreten worden, daß die Neandertaler keine »wirkliche« Sprache besessen hätten, weil sie nicht unsere Artikulationsfähigkeit besaßen. Indes beruht das auf Rekonstruktionen des Sprechapparates, die ihrerseits von Wertungen und Wiederherstellungen der entsprechenden Knochenteile ausgehen; beides aber ist umstritten. In diese Diskussion kann hier nicht eingegriffen werden. Selbst wenn es zutreffen sollte, daß diese Menschen zwei oder drei Konsonanten nicht zu formen vermochten und keine Diphthonge oder bestimmte Vokale der englischen Sprache, geht es immer um die mehr oder weniger hohe Artikulationsfähigkeit, im Grunde also nicht um Sprache schlechthin.[3] Auch eine geringere Fähigkeit zur Artikulation hat sicherlich noch Möglichkeiten genug gelassen für eine »wirkliche« Sprache, wie immer das im einzelnen definiert werden mag.

Eine ganz andere Frage ist eben, ob man glaubt, daß Menschen, die größere gemeinschaftliche Jagdunternehmungen durchgeführt haben müssen, mindestens in kleinen Gruppen lebten, ihre Toten beisetzten (wenigstens in einem Fall in einer Art von kleinem Friedhof), sich mit dem Tod auseinandersetzten, für Lebende auch dann noch sorgten, wenn sie alt und schwach geworden waren, tatsächlich keine Sprache besessen haben sollen. Das gleiche gilt im Grunde für den »Homo erectus«, obwohl wir keine Belege für Bestattungen besitzen, immerhin aber eine ähnliche Deposition von Schädeln wie im Mittelpaläolithikum sehr wahrscheinlich zu machen ist. Ob wir wegen dieses einen Punktes angesichts der Tatsache, daß auch die Fundbedingungen im Mittelpaläolithikum andere sind, Schlüsse auf tiefergreifende Unterschiede zwischen »Homo erectus« und Neandertaler als zwischen Neandertaler und »Homo sapiens« (i. e. s.) ziehen dürfen, ist äußerst fraglich.

Das Argument der geringeren Gehirngröße und der Schädelproportionierung kann sich nicht auf konkrete Grenzwerte stützen. Es ist eher so, daß man sich für »Homo erectus« eine nähere Diskussion erspart, weil zwar zum einen so gut wie nichts von den entsprechenden Skeletteilen bekannt ist, zum anderen aber mit dem Urteil über geringe oder fehlende Sprachfähigkeit bei den noch jüngeren Neandertalern die Frage erledigt wäre.

»Stufe 4«: Älteste Spuren

Den ehemaligen »Pithecanthropus« ebenso wie andere »Archanthropinen« in die Gattung »Homo« einzubeziehen, fiel umso leichter, als man inzwischen wiederum ältere Funde zur Verfügung hatte, die nun das Muster für den primitiven Ur- oder gar Vormenschen abgeben konnten. Bereits 1924 wurde in Taung in Südafrika ein Kinderschädel gefunden, der wegen seiner Affenähnlichkeit von seinem Entdecker als »Australopithecus africanus« bezeichnet wurde, also »afrikanischer Südaffe«. Erst nach dem Zweiten Weltkrieg allerdings häuften sich die Funde, und das Schwergewicht der Forschungen verlagerte sich in den letzten Jahrzehnten mehr und mehr auf Ostafrika mit seinen sehr günstigen Erhaltungs- und Auffindungsbedingungen. Gleichzeitig setzte eine Inflation von Namen und Daten mit ständigen Korrekturen ein, die es dem Außenstehenden außerordentlich schwer macht, überhaupt noch mitzuhalten und nicht ständigen Verwechslungen zu erliegen.

Sehen wir von verschiedenen Besonderheiten zunächst ab, so wichtig sie im einzelnen auch sein mögen, läßt sich etwa das folgende Bild entwerfen: Der Kopf erscheint in seiner Proportionierung, im Verhältnis von Schädel- und Gebißteil, im Vergleich zu späteren Menschen noch affenartig; die Gehirngröße ist recht gering, doch ist dies auch in Beziehung dazu zu setzen, daß diese Wesen in unserem Sinne eher kleinwüchsig waren; sie gingen jedoch aufrecht, und ihre Hände und Füße waren von grundsätzlich menschlicher Art; insgesamt waren sie wie der heutige Mensch von Natur unspezialisiert. (Das mag hier genügen; in einem anderen Band dieser Reihe wurde einiges mehr dazu gesagt.[4]) Die Datierung blieb zunächst sehr ungewiß, und für Südafrika macht sie auch heute noch Schwierigkeiten; für Ostafrika muß man wohl im großen und ganzen mit einem Alter von weitaus mehr als einer Million Jahren rechnen und wohl bis um zweieinhalb Millionen Jahre zurückgehen. (Eine Abart, bei der wenigstens an einem Fossil erheblich kürzere Beine und längere Arme zu beobachten sind, wird heute meist als »Australopithecus afarensis« davon abgehoben und ist offenbar älter, wenngleich wohl nicht so alt wie manchmal behauptet, kann aber hier außer Betracht bleiben.)

Die Australopithecinen-Fundstellen in Ostafrika liegen im freien Gelände; die begleitenden Funde von Tierresten lassen sie in den Anfang des Pleistozäns (= Eiszeitalter) oder das Ende der voraufgehenden Formation datieren. (Das ist indes weitgehend eine Frage der Definition und Grenzziehung.) Die südafrikanischen Funde hingegen stammen aus großen Anhäufungen von zusammengebackenen Knochen in Höhlen und Felsspalten, die sicherlich keine Wohn- oder Lagerstätten darstellen. Die Schädel überwiegen, sind häufig zertrümmert und die übrigen Skeletteile meist zerbrochen und in einer Relation erhalten, die nicht den natürlichen Anteilen entspricht. Im großen und ganzen ist die Auswahl die gleiche wie bei den dort gefundenen Pavianen; dazu kommen Knochen weiterer Tiere, die ebenfalls zerbrochen oder zerschlagen sind.

Die heutige Interpretation[5] geht dahin, daß diese Australopithecinen ebenso wie die Paviane und andere Tiere, die dort vorkommen, größtenteils Opfer von Raubtieren geworden sind, vor allem Leoparden, die gelegentlich ihre Beute in Höhlen zu schleppen pflegen; in noch größerem Maße aber tun das Hyänen, die sich über die Beutereste anderer Raubtiere hermachen, indes auch selbst in großem Umfange jagen, und als letzte machen sich noch Stachelschweine über die Knochen her und zernagen und verschleppen sie. Hyänen und Stachelschweine sind aus jener Zeit bekannt, und von den Hyänen liegen an den Australopithecinen-Fundstellen sogar gehärtete Exkremente.

Alles in allem macht die Selektion es sehr schwierig, ein Gesamtbild zu gewinnen und damit auch eine paläontologische Datierung. In Ostafrika hingegen läßt sich ein Datierungsverfahren (Kalium-Argon-Methode) anwenden, bei dem das Ausmaß der atomaren Umwandlung als Zeitmaßstab dient und wenigstens brauchbare Anhaltspunkte bietet.

Die oben genannten Zeitmaße sind auf den ersten Blick unglaublich, ja erschreckend, und einfach nicht vorstellbar. (Sie stellen uns vor ein besonderes Problem, auf das aber hier wie auf die im folgenden zu nennenden Steinwerkzeuge nicht näher eingegangen zu werden braucht.) In Süd- und Ostafrika und auch in anderen Teilen dieses Kontinents gibt es Steinwerkzeuge von sehr einfacher Art (Abb. 5), die gleichwohl zweifellos künstlich hergestellt sind.[6] Wir wissen heute, daß sie ebenso weit zurückreichen wie die eigentlichen Australopithecinen. Auch als sich das abzuzeichnen begann, scheute man jedoch davor zurück, die Australopithecinen als Werkzeughersteller anzusehen, und das wiederum aus dem gleichen Grunde wie beim »Pekingmenschen«, nämlich wegen der geringen Gehirngröße. Nur wenige hielten nicht das für entscheidend, sondern die großzügige räumliche und zeitliche Übereinstimmung, und neigten deshalb zu der Ansicht, daß in der Tat solche verhältnismäßig kleinhirnigen Lebewesen sonst durchaus menschlicher Art diese Steinwerkzeuge hergestellt hätten.[7] Das änderte sich erst in den frühen sechziger Jahren, als in der Fundstelle von Oldoway (Ostafrika) ein Australopithecinen-Schädel der größer-gröberen Varietät (»robustus«) in einer Fundschicht mit Steinwerkzeugen angetroffen wurde. Nunmehr sahen der Finder und einige andere diese Australopithecinen als Werkzeughersteller an. Bereits zwei Jahre nach dem genannten Fund kamen indes in einer »etwas« älteren Schicht hominide Knochen zutage, dabei ein Schädel, der ein größeres Volumen aufweist als die bis dahin bekannten. Nun wurde der von dem gleichen Finder flugs zum Werkzeughersteller erklärt, der andere aber als Opfer kannibalischer Bräuche hingestellt.

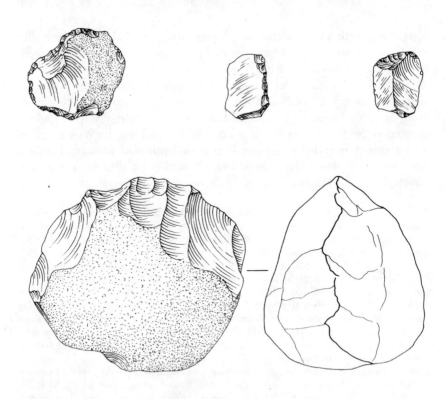

Abb. 5 Steinwerkzeuge der frühesten bisher bekannten Art von Oldoway (Ostafrika); Maßstab etwa 1 : 4.

Dieses neu entdeckte Wesen erhielt, weil man ihm die Herstellung der Werkzeuge zuschrieb, den Beinamen »habilis« und wurde wegen des höheren Schädelvolumens von den übrigen Australopithecinen abgesetzt und als »Homo« bezeichnet. Inzwischen sind weitere Funde gemacht worden, die ebenfalls diesem »Homo habilis« zugeordnet und als ebenso alt angesehen werden wie die Varietät »Australopithecus africanus« (vgl. Abb. 1), doch nicht alle sind überzeugt, daß er eine eigene Art oder sogar Gattung darstellt, sondern sehen ihn noch innerhalb der Variationsbreite der übrigen Australopithecinen. Wie auch immer: Wie bei allen solchen Schritten, zum Beispiel bei der Bezeichnung »Homo erectus«, wird auch mit der Ausgliederung des »Homo habilis« erneut die Gattung »Homo« umdefiniert, der Begriff in seinem Umfang erweitert und in seinem Inhalt verringert, näherhin die Forderung nach Merkmalen, die dem heutigen Menschen entsprechen, für die Zuerkennung der Bezeichnung »Homo« gesenkt.
Heute ist vielfach die Meinung verbreitet, der »Homo habilis« sei der Werkzeughersteller, während die anderen Australopithecinen keine Steinwerk-

zeuge hergestellt hätten. Diese Zuordnung jedoch – und das muß mit aller Härte gesagt werden – kann sich nicht auf entsprechendes Zusammenliegen in bestimmten Funden berufen; sie ist vielmehr von der Beurteilung der Schädelgröße und der daraus abgeleiteten intellektuellen Kapazität bestimmt![8] Wir haben es mit einem bezeichnenden Beispiel für Voraussetzung und Vor-Urteil zu tun: Eigentlich können wir nur aussagen, daß die Australopithecinen in der gleichen Zeit und Gegend wie die Werkzeughersteller auftreten und die einzigen Wesen sind, die nach unseren heutigen Kenntnissen als deren Hersteller in Frage kommen, ob alle oder nur ein Teil davon, lassen die Fundverhältnisse völlig offen.

Daran ändert auch der Hinweis nichts, daß an den südafrikanischen Fundstellen von Australopithecinen die als »Homo habilis« ausgegliederte Variante fehlt und es dort auch keine Steinwerkzeuge gebe. Zwar sind an einer Fundstelle (Makapansgat) Steinwerkzeuge der einfachen Art gefunden worden, doch kam man darauf nie mehr zurück, weil sie nicht mit Sicherheit den gleichen Fundverbänden zuzuschreiben sein sollen wie die Australopithecinen; aber die gleiche Ungewißheit über ursprüngliche Fundzusammenhänge gilt für fast alle Australopithecinen-Fundstellen mit vermeintlichen Knochenwerkzeugen (vgl. unten) ebenso. (An dem Fundort Sterkfontein traten ebenfalls eindeutige Werkzeuge auf, doch gehören sie in verhältnismäßig späte Schichten.) Vom Entdecker wurde im übrigen ein großer Teil der Knochen als Werkzeuge interpretiert, doch hat sich das offensichtlich nicht halten lassen. (Lediglich einige ineinander gesteckte Knochen und Knochen mit erweiterter Gelenkspalte zur Aufnahme anderer Knochenstücke mögen eine Ausnahme bilden.)
Daß die Knochen von Australopithecinen ebenso zerschlagen sind wie die anderer Tiere, hat weiterhin darauf schließen lassen, daß wir es hier mit Kannibalismus zu tun haben. Rasch hat sich in die populäre Literatur die Meinung verbreitet, daß es sich um eine »rohe, raubtierhafte, kannibalistische, knochenkeulenschwingende, kiefernspaltende Phase des Hervortretens der Menschheit« handle, die dem »microcephalen« Wesen der Australopithecinen entspräche. Die allgemeine Einordnung schien danach ebenfalls klar: »Die abstoßende Grausamkeit des Menschen gegen den Menschen bildet einen seiner unausweichlichen, charakteristischen und auszeichnenden Züge, und läßt sich nur im Hinblick auf die raubtierhaften und kannibalischen Ursprünge verstehen. … Die blutbefleckten und Schlachthausrinnen gleichenden Archive menschlicher Geschichte … passen zu dem frühen allgemeinen Kannibalismus … und bilden mit den weltweit verbreiteten Bräuchen des Skalpierens, der Kopfjagd, der Körperverstümmelungen, des Leichenessens … das Kainsmal, das den Menschen in seiner Nahrungsweise von seinen anthropoiden Verwandten trennt und ihn eher mit dem tödlichsten aller Raubtiere verbindet.«[9] Wirklich eingehende vergleichende Untersuchungen haben davon zwar nichts übrig gelassen, aber in »Sachbüchern« und ähnlichen Publikationen spukt es weiter.

Gewiß sind diese ältesten Steinwerkzeuge noch sehr einfach, doch zeigt ihre Art der Herstellung eine systematische Aufeinanderfolge und Zueinanderordnung einer Anzahl von Schritten und Elementen, die über das beim Menschenaffen beobachtbare erheblich hinausgeht. Eine genauere Analyse zeigt, daß solche Merkmale keineswegs erst für die späteren Faustkeile gelten. (Das kann hier nur schematisch angedeutet werden: Abb. 6.) Die sind eher in einer anderen Hinsicht interessant, denn seit ihrer Entdeckung fragt man sich, wozu sie eigentlich verwendet wurden. Eine wirklich überzeu-

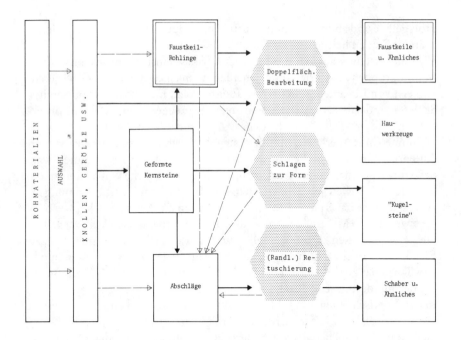

Abb. 6 Schema der Herstellung einfacher Steinwerkzeuge (einschließlich Faustkeile): Hauwerkzeuge/Schaber usw. schon in den ältesten Fundschichten, Faustkeile erst später.

gende und einheitliche Antwort gibt es nicht, denn sie können zu dem und zu jenem gedient haben. Doch welche Verwendung des Faustkeils auch immer man sich vorstellt oder im Experiment nachvollzieht, alle könnten sie mit anderen und viel einfacheren Steinwerkzeugen genauso gut und oftmals noch viel besser ausgeführt werden. Um es kurz zu sagen: Es gibt bei diesen Faustkeilen ganz offensichtlich einen formalen Überschuß über das Notwendige hinaus, den wir nicht durch irgendwie im weiteren Sinne ökonomische Prinzipien erklären können. Wenn wir schon einen Unterschied der altpaläolithischen Steinwerkzeuge Europas, vor allem also der Faustkeile, gegenüber den frühesten afrikanischen hervorheben wollen, dann ist es dieser und nicht so sehr die größere technische Feinheit.

Wichtig an den frühesten Werkzeugen ist, daß sie offensichtlich künstlich hergestellte Werkzeuge sind, mit denen man wiederum Werkzeuge herstellen kann. Daß dies tatsächlich geschehen ist, können wir zwar ebenfalls noch nicht durch Funde nachweisen, und die Aussichten dafür sind sehr gering. (Die Erhaltung etwa einer Holzspitze wäre äußerst günstigen Umständen zu verdanken.) Indes gibt es eine Anzahl von Werkzeugen mit zusätzlicher Zurichtung, die uns sonst nicht sinnvoll erschiene. Daß es technisch möglich ist, selbst mit so einfachen Werkzeugen Lanzen oder Grabstöcke, einfache

29

Holzgefäße und anderes mehr herzustellen, ist durch zahlreiche Beispiele aus späterer Zeit zu belegen.

Was aber ist uns aus der Frühzeit Ostafrikas sonst noch bekannt? Zwei Befundgruppen lassen sich unterscheiden: zum einen Reste von Großtieren, zumeist von Elefanten, seltener von Flußpferden, nie jedoch als vollständige Skelette, und dabei eine Anzahl von Steinwerkzeugen; zum zweiten Körperteile mehrerer Tiere verschiedener Art, nicht nur Großtiere, jeweils zusammen mit Werkzeugen. Im ersten Fall handelt es sich offenbar um Aufenthalt an einer Stelle, an der ein Großtier zu Tode gekommen war, dessen Körper man genutzt hat, zum zweiten sind Stücke von Tieren an die betreffenden Stellen gebracht worden. Gewiß hätte man keine Hemmungen, von Jagd- oder Lagerplätzen zu sprechen, wären die Befunde nicht zwei oder gar zweieinhalb Millionen Jahre alt und die wahrscheinlichen Verursacher so kleinhirnige Wesen. Daß es möglich war, mit einfachen hölzernen Lanzen Elefanten zu jagen, zeigen die wegen ihrer Faustkeile schon erwähnten Funde von Torralba; gut bezeugt ist es allerdings erst für eine Fundstelle, die »nur« ein Jahrhunderttausend alt sein mag.

In den Fundschichten von Oldoway gibt es verschieden dichte Verteilungen der Steinartefakte und der Tierknochen mit Konzentrationen einerseits, Freibleiben von rundlichen Plätzen andererseits, wahrscheinlich den Orten kleinerer Wohnungen nach Art von Windschirmen, Zweighütten oder dergleichen. An einer der ältesten Stellen dieses Fundbereichs wurde eine rundliche Setzung von etwa vier Meter Durchmesser aus Steinbrocken von bis zu 20 cm Größe aufgedeckt, wohl die Begrenzung oder Abstützung eines solchen Obdachs. Anders als bei den erwähnten Funden von Terra amata gibt es hier allerdings keine Nachweise von Feuerstellen, doch sind ja auch insgesamt die Fund- und Erhaltungsbedingungen schlechter. Immerhin kennen wir einen Befund, der etwa eineinhalb Millionen Jahre alt sein wird, bei dem im Bereich einer Steinsetzung mit Knochen und Steinwerkzeugen die Erde rot gebrannt ist. Wäre das ganze jünger, würde man ohne weiteres vom Rest einer Feuerstelle sprechen; so aber hat man offenbar Hemmungen.

Alles in allem können wir jedoch sagen, daß die Befunde nicht sehr viel von dem vermissen lassen, was wir auch für das europäische Altpaläolithikum kennen. Obwohl die Wohnbauten in Terra amata etwas größer sind, Feuerspuren eindeutiger, die Steinwerkzeuge technisch komplizierter, ist doch kein wirklich wesentlicher Unterschied festzustellen. In der gängigen Wertung aber setzt wieder die weit verbreitete Einschätzung früher Hominiden ein, die Auffassung von den kleinhirnigen Wesen, denen man derartiges noch nicht zutrauen könne: Die Unterschiede zwischen den damaligen Hominiden und späteren Menschen werden dahin gewertet, daß es einfach nicht möglich und statthaft sei, die Hinterlassenschaft so zu erklären, wie wir das für spätere Perioden tun würden.[10]

So wird denn nach Auswegen und anderen Erklärungen gesucht: Für die Befunde an Tierknochen ist nicht zu bezweifeln, daß sie künstlich zerschlagen sind usw., aber hier nimmt man seine Zuflucht zu der Annahme, daß die Menschen sich nur die Kadaver anderswie zu Tode gekommener Tiere angeeignet hätten. Das mag wohl sein und kommt heute hin und wieder vor, aber eben doch als Ausnahmefall. Man möchte auch gerne wegdiskutieren, daß jene Stellen, zu denen die Knochen mehrerer Tiere hingebracht worden sind, Wohn- und Lagerplätze repräsentieren. Es sei darauf verzichtet, verschiedene Erklärungsversuche vorzutragen, die letzten Endes alle nur darauf beruhen, daß nicht sein kann, was nicht sein darf.

Zuzugeben bleibt, daß keineswegs alles an diesen Befunden eindeutig ist: Der harte Kern sind die Steinwerkzeuge;[11] nicht zu leugnen ist der Transport von Tierkörperteilen an bestimmte Stellen, an denen sich auch wieder Steinwerkzeuge in einiger Zahl finden, und eine vernünftige andere Erklärung für den Steinkranz und einige weitere Befunde als die Herrichtung einer Lagerstelle ist nicht zu sehen.

Für die nähere Interpretation und damit für die Bestimmung des Status der frühesten uns bekannten Werkzeughersteller stehen sich zwei Grundpositionen gegenüber: Die eine geht davon aus, daß die in dieser Zeit bekannten Skelettreste von Hominiden uns Wesen zeigen, die doch so weitgehend von späteren Menschen verschieden sind, daß auch ihr »Verhalten« sich tiefgreifend von diesen abheben müsse; die andere betont, daß gerade die Steinwerkzeuge auf Eigenarten weisen, wie wir sie nur von Menschen kennen, nicht aber von Tieren, auch nicht von den »höchsten« uns bekannten nichtmenschlichen Primaten. Das erste ist eindeutig ein evolutionistisches Postulat, das die morphologisch-biologischen Unterschiede in den Bereich des psychisch-kulturellen überträgt; das zweite beruht auf einer objektiven Feststellung aus eben diesem Bereich, überschreitet allerdings die Grenzen empirischer Beobachtung, sobald von da aus auf andere Phänomene grundsätzlich menschlicher Art geschlossen wird. Aber ist das völlig unberechtigt? Können beide Auffassungen als gleichwertig betrachtet werden? Kann es so gleichgültig sein, daß wir es im zweiten Fall immerhin mit greifbaren Phänomenen zu tun haben, die es in dieser Form bei nichtmenschlichen heutigen Lebewesen nicht gibt, die aber offensichtlich — wenn auch nicht auf geraden Wegen — zu einer zweifellos menschlichen Daseinsweise führen?

Rückblick: Frühmensch und Sprache

Wie aber steht es denn mit der Sprache? Was kann man dazu überhaupt sagen? Natürlich sehr wenig, eigentlich nur etwas zu Voraussetzungen und Notwendigkeiten.

Ob die Australopithecinen über einen körperlichen Sprechapparat verfügten, der erheblich über den heutigen Menschenaffen hinausging und im Prinzip menschlich war, läßt sich offenbar nicht feststellen, und welche Kapazität und Proportionierung ein Gehirn haben muß, um für Sprache tauglich zu sein, weiß offenbar ebenfalls niemand mit annähernder Sicherheit zu sagen. So werden wir zurückgeworfen auf das eingangs genannte Kriterium, ob es Funde gibt, die uns auf Verhältnisse und Tätigkeiten schließen lassen, die ihrerseits wiederum nicht ohne Sprache zu bewältigen sind.

Die Hersteller der ältesten uns bekannten Steinwerkzeuge zeigen auf jeden Fall eine Befähigung zu Voraussicht und Einsicht, systematischen Zueinanderordnung und Aufeinanderfolge von Schritten, zu einer Mittelbarkeit gegenüber der Natur, zum Aufprägen neuer, nicht vorgegebener Eigenarten, insgesamt ein Maß an Abstraktion, das heißt an Absehen von dem unmittelbar Vorliegenden, das auch Sprachlichkeit erlauben dürfte. Da aber scheiden sich bereits die Geister, zumal wenn man stärker in Einzelheiten geht. Machen wir uns indes jene Interpretation zu eigen, nach der diese Wesen in Gruppen lebten, Lagerplätze aufschlugen, ihre Beute dorthin zusammentrugen, Jagdunternehmen planten und durchführten usw., ist eigentlich schwer zu sehen, wie das ohne sprachliche Verständigung hätte vor sich gehen sollen. Solche Jäger werden auch nicht mit »Globalworten« oder »Ein-Wort-Sätzen« ausgekommen sein; sie bedurften wohl der Tätigkeits-, der Ort- und Zeitbestimmungen.

Im übrigen muß man sich auch hier fragen, ob man denn solchen frühen Hominiden weniger zutrauen darf als Menschenaffen oder nicht erheblich mehr. Wenn man höhere nicht-menschliche Primaten dazu bringen kann, die Kenntnis von Zeichen der Taubstummensprache in ziemlichem Umfang zu erwerben und bis zu einem gewissen Grade auch selbständig anzuwenden, ist dies wohl ein absolutes Minimum für »menschenähnlichere« Hominiden. (Neuerdings wird in diesem Zusammenhang wieder die Hypothese von einer anfänglichen Zeichensprache aufgebracht, doch ist das im Grunde unerheblich, denn ob im Prinzip bedeutungsindifferente Laute oder sonstige Zeichen einen Wortsinn erhalten, ist dabei nicht entscheidend.) Das gilt erst recht, wenn man (in durchaus fragwürdiger Weise) wegen der Werkzeugleistungen einiger nicht-menschlicher Primaten die Unterschiede zu menschlichem Tun einebnen will; die im Experiment erzielte Herstellung von Steinsplittern zum Gebrauch als Schneidewerkzeug ist nach der ganzen Anlage ein Derivat menschlicher Werkzeugherstellung.[12]

Wie gesagt, hier scheiden sich die Geister; zu beweisen ist da nichts. Letzten Endes bleibt die Antwort auf die Frage nach frühmenschlicher Sprache, erst recht nach Sprachentstehung und Sprachentwicklung in der frühen Steinzeit, abhängig von der Vorstellung, die man sich vom frühesten Menschen geformt hat. Da aber wird — bei aller Subjektivität, die im einzelnen hineinspielt — im großen und ganzen doch das gängige Bild vom wilden Halbmenschen erheblich zu revidieren sein, und ähnlich wie in früheren Fällen — wie beim Neandertaler oder beim vermeintlichen »Affenmenschen« — dürfte auch hier voraussichtlich in absehbarer Zeit das Bild »menschlicher« werden.

Hanuš Papoušek

Biologische Wurzeln der ersten Kommunikation im menschlichen Leben*

Struktur und Funktion der Sprache sind in vollem Umfang nur verstehbar, wenn wir auch ihre Vorgeschichte studieren. Ein Weg dazu ist die paläontologisch-anthropologische Forschung. Wenn sich auch die paläontologische Evidenz in Bezug auf die Entstehung der Sprache eher bescheiden ausnimmt, so wird durch diesen Forschungsansatz doch deutlich, wie wichtig es ist, verbreitete Vorurteile abzubauen und frühere Erklärungsversuche zu korrigieren und zu ergänzen, um neue Denkanstöße für die Lösung des ewigen Rätsels der Sprachentstehung zu finden.

Dem gleichen Ziele folgend, werde auch ich in der Vielfalt der psychobiologischen Erkenntnisse der letzten Jahrzehnte zur Vorgeschichte der Sprache nur den roten Faden aufzeigen können, der zugleich die Komplexität des Problems erkennbar macht. Dabei werde ich aber auch weitere Vorurteile abzubauen suchen, über die man beim Versuch, das Rätsel des Sprachursprungs zu lösen, nur zu leicht stolpert.

Die psychobiologische Betrachtungsweise hat ganz allgemein zum Inhalt, daß sie sich mit der psychischen Entwicklung des Menschen und den engen Zusammenhängen zwischen psychischen Prozessen und Sprache befaßt und diese in untrennbarem Zusammenhang mit ihren biologischen Grundlagen zu verstehen sucht.

Wechselbeziehungen von Natur, Mensch und Kultur

Betont man die menschliche Sprache und Kultur in ihrer Einzigartigkeit, ohne ihre Verwurzelung in der biologischen Vorgeschichte anzuerkennen, so liegt darin bereits ein noch immer verbreitetes Vorurteil, das überall dort überlebt, wo das Bild des Menschen dogmatisiert wird, wo man sich der Gemeinsamkeiten mit der Tierwelt und der Abhängigkeit von Naturgesetzen schämt, sie leugnet oder unterschätzt. Es hat sich jedoch gezeigt, daß man beispielsweise in der Medizin nicht einmal die Anatomie, geschweige denn die Funktionen gewisser Organe verstehen konnte, ehe man nicht mehr über ihre stammesgeschichtliche Entwicklung wußte und in den vergleichenden biologischen Wissenschaften Parallelen entdeckte. Ganz triviale Beispiele sind die Reste des tierischen Schwanzes in der Wirbelsäule des Menschen oder die Überreste der Kiemen, die vorübergehend in der menschlichen Embryonalentwicklung auftauchen. Bedeutsamer, aber auch zeitlich

33

anspruchsvoller wäre es, Erklärungen dafür zu finden, daß einige der beim Menschen zu findenden Denkformen bereits von Insekten geleistet werden. Die Denkprozesse laufen keineswegs immer im Großhirn ab, sondern außerhalb des Gehirns auf dem Wege von den Sinnesorganen zum Stammhirn. Die wichtigste Rolle spielen dabei nicht nur die Menge an Nervenzellen im Großhirn, sondern auch Anzahl und Komplexität der genetisch gespeicherten Programme in den einzelnen Nervenzellen.

Wie gefährlich es andererseits ist, die Wechselbeziehungen zwischen der Natur, dem Menschen und seiner Kultur zu unterschätzen oder sogar auszuklammern, ist heute nicht mehr zu übersehen. Die Menschheit ist nicht weit davon entfernt, sich selbst durch ihre Eingriffe in die Natur zu vernichten. Das bekannte Bild vom sterbenden Wald und seinen Bäumen kann ich durch Hinweise auf einen anderen Baumschaden ergänzen, auf das Bild des schwer beschädigten Lebensbaumes der deutschen Bevölkerung, der aufgrund der Altersverteilung die jeweilige Vitalität des Volkes grafisch veranschaulicht und bereits manifeste Symptome eines allmählichen Absterbens aufweist. Auch diese Symptome sind nicht die Folge biologischer Einflüsse, sondern primär durch bestimmte Entwicklungen in der menschlichen Zivilisation bedingt, die gerade wegen ihrer Vernachlässigung biologischer Grundlagen fragwürdig geworden sind.

Die Sprache des Menschen und die mit ihr verbundene Kultur wurden lange Zeit streng von den in der Tierwelt herrschenden Entwicklungsgesetzen und Kommunikationsformen getrennt. Aus diesem Grund blieben die Fragen über den Ursprung der Sprache unberührt, und dies betrifft ebenso die Entwicklung der Sprache in der Vorgeschichte der Menschheit wie auch die Anfänge der Sprachentwicklung in der Ontogenese unmittelbar nach der Geburt. Die nachfolgenden Forschungsergebnisse, die ich zusammen mit meiner Frau erarbeitet habe, (Papoušek und Papoušek 1983) sollen zum Schließen dieser Lücken beitragen.

Es geht uns darum, zwei Wege aufzuzeigen, die in Ergänzung zu den paläontologischen und anthropologischen Studien zu neuen Denkansätzen in der Diskussion um den Sprachursprung beitragen können. Der eine Weg ist der der vergleichenden Verhaltensbiologie, der andere das Studium der frühesten Ontogenese der Kommunikationsformen im menschlichen Leben nach der Geburt. Wir gehen dabei von zwei allgemeinen biologischen Voraussetzungen aus, nämlich daß sich erstens bei jeder Tierart während der Evolution die Eigenschaften durchgesetzt haben, die die erfolgreichste Anpassung erlaubten, und zweitens, daß solche für das Überleben wichtigen Eigenschaften meist sehr breit, oft sogar im Überschuß angelegt sind und sich ontogenetisch sehr früh manifestieren (Papoušek und Papoušek, 1983). Beide wissenschaftlichen Wege haben sich in den Naturwissenschaften bewährt (von Cranach u. a., 1979). In der Ontogenese vom Stadium der befruchteten Eizelle bis hin zum reifen menschlichen Organismus wurden zahlreiche interessante Analogien zu anderen Tierarten entdeckt. Haeckel leitete daraus seine wichtige, wenn auch übertrieben formulierte Theorie ab, daß jedes Individuum in seiner Entwicklung die Evolution seiner Art rekapituliere. Trotz aller heutigen Einschränkungen dieser Theorie kann es fruchtbar sein, mehr über die Sprachentwicklung des Kindes zu wissen, um dann umso gezielter in der Evolution des Menschen nach dem Ursprung der einzelnen Bausteine zu suchen.

Während ich beide Wege, den der vergleichenden Biologie und den der Ontogenese, im Auge behalte, möchte ich noch auf einige weitere Aspekte der Sprache eingehen, die noch weithin von Vorurteilen belastet sind.

Wechselbeziehungen von Sprache und Denken

Ein zentraler Aspekt betrifft die Zusammenhänge zwischen der Sprache und dem Denken und Fühlen. Eine der zahlreichen Definitionen der Sprache besagt, daß die Sprache dem Ausdruck und der Übermittlung von Gedanken und Gefühlen dient. Dabei werden die möglichen Wechselbeziehungen jedoch außer acht gelassen. Es gibt Worte, die aus Gefühlen heraus gewählt oder geschaffen werden wie die Worte in der Poesie. Andere Worte wie wissenschaftliche Begriffe oder sogar eine ganze Sprache wie das Esperanto werden durch Denkprozesse konstruiert. Andererseits kann ein einziges Wort intensive Gefühle auslösen, die selbst die Todesangst überwinden und zum Töten oder Selbstmord führen können, gleich ob es ein Wort der Liebe, des Glaubens oder des Hasses ist. In der älteren Psychologie und Linguistik galt die Sprache als Voraussetzung des menschlichen Denkens. Denkprozesse wie Konzeptbildung, Kategorisierung, Abstraktion oder logisches Denken wurden als Produkte der Sprache betrachtet und man zog sie daher bei Tieren und beim menschlichen Säugling gar nicht erst in Betracht.

Sicher trifft es zu, daß das Denken in Begriffen die Erfindung der Schrift und der modernen Formen der Kommunikation zur Folge hatte, die beim Menschen einzigartig sind und ihm ermöglicht haben, viele biologisch bedingte Einschränkungen zu überwinden. Nur der Mensch kann Erfahrungen über Generationen oder Kontinente hin sammeln, integrieren, weitervermitteln und in beliebiger Menge speichern. Mit Hilfe der Technologie hat er sich zudem wie kein anderes Lebewesen die Fortbewegung auf Land und Wasser, in der Luft und sogar im außerirdischen Raum erschlossen. All das heißt jedoch nicht, daß die menschliche Sprache mit ihrer außerordentlichen Potenz nicht gemeinsame Wurzeln mit den nichtsprachlichen Kommunikationsformen im Tierreich hat, auch wenn man ihnen lange Zeit keine ausreichende Beachtung geschenkt hat.

Auf der anderen Seite wurden in den zurückliegenden Jahren auch bei vielen Tierarten erstaunlich komplexe Denkfähigkeiten nachgewiesen (Charlesworth in von Cranach u. a., 1979). So fand der kalifornische Psychologe Tolman (1932), daß bereits Ratten bei einfachen Lernversuchen aus einer Reihe unterschiedlicher Stimulationen die allen gemeinsamen Eigenschaften abstrahieren können. So erlernten die Ratten aus verschiedensten Darstellungen von Dreiecken, daß dem Dreieck an sich (im Unterschied etwa zu Kreisen oder Vierecken) die eigentliche Signalbedeutung zukam. Auf dieser Grundlage konnten sie auch auf neue Darstellungen von Dreiecken in ungewohnten Dimensionen oder Farben adaptiv reagieren, ohne zunächst konkreter Erfahrungen mit jedem neuen Signal zu bedürfen. Während man bei Nagern kaum mit wesentlich differenzierteren Lern- und Denkformen rechnen kann, machte Köhler (1927) etwa zur gleichen Zeit seine bekannt gewordenen Beobachtungen an Schimpansen über das Benutzen von Werkzeugen und Lösen von Problemen. Heute wissen wir z. B. aus den Studien von Frisch (1965), daß noch einfachere Nervensysteme Teilaspekte solcher Denkprozesse zu leisten vermögen, die früher nur beim Menschen vorausgesetzt wurden. Bienen können durch eigenartige Tanzformen Informationen austauschen und sich gegenseitig mitteilen, in welcher Richtung und Entfernung welche Art von honigtragenden Blumen blühen. Ihre Kommunikation betrifft somit abwesende, nicht unmittelbar wahrnehmbare Objekte und setzt die Abstraktion der Information über die Objekte voraus. Dies ist eine der Fähigkeiten, die auch der menschlichen Sprache zugrunde liegen. So sehr es uns heute noch überraschen mag, sind bestimmte Grundformen der Hirnprozesse, die dem Denken zugrunde liegen, in so einfach strukturierten Formen des Zentralnervensystems wie dem Zentralganglion der Biene zu lokalisieren, was z. B. im Biologischen Institut der Freien Universität Berlin von Todt und seinen Mitarbeitern entsprechend untersucht wird.

Die Wurzeln des Denkens greifen demnach in der Natur weit zurück, über die Grenzen hinaus, innerhalb derer sich die Sprache entwickelt hat. Vor diesem Hintergrund sind die Schlußfolgerungen der paläontologischen Forschung nicht so überraschend, daß die Hominiden Denkfähigkeiten besaßen, die denen der Menschen vergleichbar waren. Offenbar konnten sich in der Evolution bei unterschiedlichen Tierarten bestimmte Denkfähigkeiten auch unabhängig von der Sprache entwickeln, zum Teil in einfacheren Grundformen, jedoch oft in auffallenden Analogien, die der früheren Auffassung widersprachen, daß Konzeptbildung und Abstraktion für den Menschen spezifisch sind (Wilson, 1975). Sie konnten infolgedessen auch beim Urmenschen früher als die Sprache erscheinen.

Zu anderen Ergebnissen kamen wir auch aufgrund unserer Forschungen in Prag, wo ich in den fünfziger Jahren analysierte, wieweit Säuglinge zu lernen und denken vermögen, bevor sie das erste Wort sprechen. Es gelang erstmals nachzuweisen, daß an der adaptiven Verhaltensregulation des Säuglings bereits von Geburt an nicht nur einfache Lernprozesse, sondern auch einfache Denkfähigkeiten beteiligt sind, die als Entdecken von Regelmäßigkeiten, entsprechende Konzeptbildungen, Symbolisierung von Erfahrungen oder Ausbildung von antizipatorischen Erwartungen und Absichten interpretiert werden können (Haith und Campos, 1983; Papoušek, 1977). Im Alter von vier Monaten waren die Säuglinge auch in der Lage, einfache numerische Konzepte zu bearbeiten, was soweit, wie wir seinerzeit gingen, nämlich bis zur Zahl vier, erfolgreich war. Es zeigt sich auch, daß der Mensch von Geburt an biologisch stark motiviert ist, die Konsequenzen seines Handelns in der Umwelt zu entdecken und adaptiv auszunutzen, unberücksichtigt dessen, wieviel er dafür an Kräften mobilisieren muß.

Ein junger Säugling kann in dieser Richtung so eifrig explorieren, daß es ihn an die Grenzen seiner körperlichen Reserven bringt. Er hat dabei gleichzeitig das Bedürfnis, seine Erlebnisse und Erfahrungen der Umwelt mitzuteilen, selbst dann, wenn keine seiner Bezugspersonen in der Nähe ist. In Ermangelung sprachlicher Fähigkeiten benutzt er dazu seine ersten unartikulierten Vokalisationen, lebhafte mimische Reaktionen und seinen ganzen Körper. Ungeachtet der Frage, ob er etwas mitzuteilen beabsichtigt oder nicht, machen es seine biologischen Eigenschaften der sozialen Umwelt leicht, an seinem gesamten Verhalten seine Empfindungen und Gedanken abzulesen (Papoušek und Papoušek, 1983). Wir sehen darin eine der Grundlagen für die folgende Sprachentwicklung. Diese Beobachtungen in Zusammenhang mit unseren Lernstudien haben erwiesen, daß sich in der menschlichen Ontogenese noch vor dem Spracherwerb solche Denkfähigkeiten entwickeln, die man ursprünglich der sprachlichen Logik zugeordnet hatte, und die, wie wir heute meinen, eine wichtige Voraussetzung für die Sprachentwicklung darstellen (Papoušek, 1977).

Diese Kenntnisse führten zu weiteren Fragestellungen in Zusammenhang mit der Sprachentwicklung, die jetzt im Mittelpunkt unserer gemeinsamen Forschung am Max-Planck-Institut stehen: Wie differenzieren sich die vorsprachlichen Vokalisationen des Säuglings und wie läuft die vorsprachliche Verständigung mit den Eltern ab, für die der Säugling so gut ausgestattet und motiviert zu sein scheint? Welche Faktoren können beim Menschen dazu beigetragen haben, daß sich bei ihm — und nur bei ihm — schließlich die Sprache entwickelt hat?

Zum Bauplan des Stimmtraktes

Die Anfänge der artikulatorischen Entwicklung beim Kind lassen sich nur verstehen, wenn man auch die anatomischen und physiologischen Gegebenheiten beim Säugling, die Entwicklung des Aufbaus und das Funktionieren von Kehlkopf, Mund- und Rachenraum, in Betracht nimmt. Die Stimm- und Artikulationsorgane sind beim menschlichen Neugeborenen in ihrem Aufbau in wesentlichen Merkmalen denen der Schimpansen vergleichbar und darüber hinaus den anatomischen Voraussetzungen beim Neandertaler ähnlich (Jürgens und Ploog, in Scherer, 1982). Erst mit etwa sechs Monaten nähert sich der anatomische Aufbau des Stimmtraktes dem des erwachsenen Menschen, so daß erst von diesem Alter an die für den Menschen spezifischen günstigen Voraussetzungen für die sprachliche Artikulation gegeben sind.

Beim Eingang zum Kehlkopf kreuzen sich zwei lebenswichtige Wege, der Luftweg, auf dem beim Ein- und Ausatmen die Luft hin und her strömt, und der Weg der Nahrungsaufnahme von der Mundhöhle zur Speiseröhre. Diese Kreuzung ist nicht ungefährlich. Ein Verschlußmechanismus, die sogenannte Epiglottis, sorgt dafür, daß keine Nahrung in die Luftröhre dringt. Darüber hinaus ist bereits vor Geburt die Koordination von Schluckakt und Atmung verläßlich programmiert. Beim Neugeborenen findet sich noch eine weitere Sicherheitsmaßnahme: der Eingang zum Kehlkopf ragt so weit über das Niveau der Kreuzung hinaus, daß beim Saugen die Milch seitlich an der Epiglottis vorbeifließt und auch dann nicht in die Luftröhre gelangt, wenn die Epiglottis nicht geschlossen ist. Erst in der zweiten Hälfte des ersten Lebensjahres ändern sich diese Verhältnisse und werden denen der Erwachsenen ähnlicher. Die Zähne erscheinen, Mundhöhle und Rachenraum werden größer und schaffen die spezifischen Resonanzbedingungen und artikulatorischen Voraussetzungen für differenzierte Modifikationen der im Kehlkopf produzierten Laute. Auf diese Weise ist ein in der Natur einzigartiges vollkommenes Instrument entstanden, das unter Kontrolle des Zentralnervensystems so vielgestaltige Lautkombinationen ermöglicht, daß es nicht nur als das höchstentwickelte Kommunikationsmittel, sondern auch als ausdrucksreiches Musikinstrument und – nicht zu vergessen – als ein erstes, biologisch entworfenes, unerschöpfliches Spielzeug des Kindes (Papoušek und Papoušek, 1983) zur Geltung kommt.

Ein derartiges stimmliches Instrument steht den nichtmenschlichen Primaten nicht zur Verfügung. Der Stimmtrakt erwachsener Schimpansen ist den Ansprüchen einer sprachlichen Verständigung nicht gewachsen (Jürgens und Ploog, in Scherer, 1982), obwohl die Denkfähigkeiten der Schimpansen so weit entwickelt sind, daß sie Probleme lösen, Konzepte bilden, abstrahieren, Werkzeuge benutzen und mit Hilfe gezielter didaktischer Unterstützung durch Menschen sogar eine Zeichensprache erlernen können. Dieser primär anatomische Unterschied zwischen Menschen und Primaten hat demnach über die Entstehung der Sprache mitentschieden. Die Frühentwicklung des Kindes zeigt deutlich, daß auch das Kind erst dann das Sprechen erlernt, wenn sich sein Stimmtrakt entsprechend differenziert. Dieser ist am Anfang des Lebens noch den Erfordernissen einer ungefährlichen Aufnahme flüssiger Nahrung angepaßt und steht erst gegen Ende des ersten Lebensjahres für die sprachliche Artikulation zur vollen Verfügung. Es ist anzunehmen, daß auch in der Evolution Sprache erst dann entstehen konnte, als die erforderlichen, anatomischen Voraussetzungen im Stimmtrakt entwickelt waren. Dies schließt jedoch nicht aus, daß einfachere stimmliche Kommunikationsformen, etwa wie wir sie beim Säugling im vorsprachlichen Alter finden, schon vorher in Frage kamen.

Stimmliches Lernen und Spiel

Die Entwicklung des Stimmtraktes und seiner Funktionen in der menschlichen Ontogenese unterliegt nicht nur angeborenen genetischen Programmen, sondern auch äußeren Einflüssen, die mit Hilfe der Lern- und Denkprozesse bearbeitet werden. Während in der anatomischen Entwicklung, z. B. bei Zahndurchbruch und Kehlkopfumwandlung, überwiegend genetische Programme erkennbar sind, wird die wachsende Kontrolle der stimmlichen Funktionen in stärkerem Maße durch Lernen beeinflußt. Ein Adoptivkind, das in einer fremden Sprachgemeinschaft aufgezogen wird, erlernt bereits im Säuglingsalter die phonetischen Merkmale seiner Adoptiveltern und nicht die seiner biologischen Eltern.

In unseren eigenen Studien hat sich gezeigt, in welchem Umfang das frühe Lernen die Sprachlautproduktionen betrifft. Hier sei nur so viel gesagt, daß das stimmliche Lernen in den natürlichen Lernsituationen des ersten Lebensjahres einen breiten Raum einnimmt. Viel von diesem stimmlichen Lernen vollzieht sich nicht nur im Dialog mit einem dazu ermunternden Elternteil, sondern auch in Monologen, in denen der Säugling aus eigener Initiative unermüdlich mit der eigenen Stimme spielt, die stimmlichen Möglichkeiten erprobt, erfinderisch neue Varianten entdeckt, durch Wiederholungen einübt und improvisierend erneut abwandelt.

Im Hinblick auf das stimmliche Lernen, Explorieren und Improvisieren kann man den menschlichen Säugling mit Jungvögeln von den Arten vergleichen, die sich durch eine besondere Fähigkeit zum Nachahmen auszeichnen und die sich ihren Gesang weniger aufgrund fixer ererbter Muster als vielmehr durch frühes Lernen aneignen. Marler (in von Cranach u. a., 1979) und Nottebohm (in Lenneberg und Lenneberg, 1975) haben in ihren Forschungsarbeiten auf solche überraschende Analogien zwischen Kindern und jungen Vögeln aufmerksam gemacht. Ähnliche Parallelen findet man jedoch nicht unter den Primaten, deren stimmliches Repertoire relativ wenig differenziert ist. Gesang fehlt bis auf wenige Ausnahmen. Gibbons, die »singenden Affen«, können zwar mit Hilfe differenzierter Melodien Informationen über

Alter, Geschlecht, Reproduktionsbereitschaft, Familienstand oder territoriale Ansprüche übermitteln, jedoch nur aufgrund einer begrenzten Zahl kaum variierbarer Muster, die überwiegend angeboren sind. Das unterschiedliche Ausmaß von stimmlichem Lernen und Spiel kann somit als weiterer differenzierender Faktor zwischen Mensch und nicht-menschlichen Primaten festgehalten werden.

Der Gebrauch des Begriffes »Spiel« in den vorausgegangenen Abschnitten bedarf einer näheren Erklärung. Für den Wissenschaftler ist er kein einfacher Begriff. Obwohl jedermann weiß, was mit Spiel gemeint ist, ist es keineswegs leicht, das Spiel eindeutig zu definieren und zu entscheiden, was die wesentlichen Kennzeichen des Spiels ausmacht. In der menschlichen Kultur hat sich das Spiel besonders mannigfaltig entwickelt. Spiel ist hier weder auf eine Altersstufe beschränkt noch einfach abgrenzbar gegenüber beruflichen Tätigkeiten, künstlerischen Äußerungen oder schöpferischen Erfindungen. Anders als das Spiel von Tieren wird das Spiel des Menschen oft mit bestimmten Lernformen und mit der Erziehung zu Kreativität und künstlerischer Betätigung in Zusammenhang gebracht. Huizinga z. B. sieht im Spiel den Hauptzugang zur menschlichen Kultur und empfiehlt für den Menschen statt der Bezeichnung *homo sapiens* den Namen *homo ludens*. Der hervorragende Denker der Aufklärungszeit Comenius wollte das Schulwesen insbesondere dadurch reformieren, daß man den Unterricht des Kindes als Spiel gestaltete, wofür er in seinen Werken »Schola ludus« und »Orbis pictus« detaillierte Grundlagen ausarbeitete (Referenzen s. Papoušek und Papoušek, 1983).

Von Interesse ist besonders die im Spiel eingeschlossene Fähigkeit und Bereitschaft, einmal gebildete Konzepte über Dinge und Erfahrungen nicht zu fest zu schließen, sondern vielmehr offen zu halten, sie immer wieder zu öffnen und zu revidieren, d. h. vertraute Vorstellungen nochmals aus neuen Aspekten zu betrachten, zu durchdenken, zu verändern und dadurch unter Umständen zu korrigieren, zu ergänzen oder gar durch neue Vorstellungen zu ersetzen (Papoušek und Papoušek, 1983). Diese Bereitschaft ist das Gegenstück zu der Tendenz, sich aus Angst vor etwas Unbekanntem voreilig feste Konzepte zu machen und diese zu dogmatisieren. In diesem Sinne betrachten wir das kindliche Spiel als wichtige Vorbereitung im Hinblick auf Kunst, Humor und Wissenschaft. Im menschlichen Spiel äußern sich psychische Fähigkeiten, die dem einfachen Lernen und Denken übergeordnet sind. Durch die Stimme hat die Natur den Menschen mit einem einzigartigen Instrument ausgestattet, mit dem er seine höheren spielerischen Fähigkeiten so früh auszuspielen vermag, wie sie in seiner Entwicklung erscheinen, und das beginnt, wie wir heute nachweisen können, beim Menschen als psychischem Frühentwickler in den ersten Lebensmonaten und setzt sich in rasch steigendem Maße fort.

Die doppelte Funktion der Stimme: Sprache und Musik

Die menschliche Stimme dient nicht nur der Sprache, sondern auch dem künstlerischen Ausdruck in der Musik. In beiderlei Hinsicht ist es entscheidend, die jeweiligen Produkte für Veränderungen offen zu halten. Sonst könnte sich die sprachliche Kommunikation nicht ununterbrochen adaptiv weiterentwickeln und die Kunst könnte nicht Langeweile aufgrund von Monotonie und Stagnation überwinden (Papoušek und Papoušek, 1981). Das Kind ist in seiner Frühentwicklung bereits für beide Aspekte stimmlicher Äußerungen vorbereitet. Die Musik spielt in der Umwelt des Kindes eine größere Rolle, als man früher dachte, vor allem wohl deshalb, weil die Stimme unabhängig von der Entwicklung der sprachlichen Fähigkeiten basale Botschaften musikalisch auszudrücken vermag, was offenbar sehr früh in der Entwicklung zur Geltung kommt. Es ist nicht auszuschließen, daß auch in der Evolution auf dem Weg zum Spracherwerb diese Möglichkeit ausgenutzt wurde.

In den zahlreichen Theorien über den Ursprung der Sprache fehlt es nicht an Argumenten für eine solche Annahme. Die sogenannte onomatopoetische Theorie setzte beispielsweise voraus, daß zunächst Klänge aus der Natur lautmalerisch nachgeahmt wurden, ehe den stimmlichen Äußerungen in Bezug auf die kommunikativen Bedürfnisse symbolische Bedeutungen zugeteilt wurden. Die Sing-song-Theorie von Jespersen (1922) ging von der These aus, daß der Entstehung der Sprache Kommunikation durch Gesang und Tanz vorausgegangen sei. In der hörbaren Umwelt des Säuglings ist der Anteil musikalischer Klänge besonders reich, sowohl auf seiten der Natur – man denke an die Allgegenwärtigkeit des Vogelgesangs –, als auch auf seiten der Kultur. Um die Universalität dieser Beobachtungen beurteilen zu können ist es notwendig, Material aus unterschiedlichen Kulturen zu sammeln. Dabei zeigt sich, wie regelmäßig die hörbare Umwelt des Säuglings von rhythmischen oder melodischen musikalischen Elementen erfüllt ist. Auf dem Rücken afrikanischer Mütter erlebt der Säugling das rhythmische Stampfen der Hirse und die Lieder, die die Gruppenarbeit der Mütter begleiten. Bei den Indios hört er neben den vielfältigen Klängen aus dem Dschungel auch z. B. die Bambusflöte, bei den arabischen Nomaden die Melodien von einsaitigen primitiven Streichinstrumenten. In der asiatischen Welt hat die Musik vielfältig Anteil an Gebeten und religiösen Tänzen.

Besonders interessante Beispiele musikalischer Kommunikation sind die sogenannten Vogelsprachen oder Pfeifsprachen (Busnel und Classé, 1976), die wissenschaftlich auch als Silbo bezeichnet werden. Sie werden vor allem von Hirten aus mexikanischen Indianerstämmen, aus den kanarischen Inseln, aus Dörfern in den Pyrenäen, der Türkei und Himalayagebieten benutzt, und zwar jeweils zur Verständigung über große Entfernungen hinweg. Die Kommunikationsformen werden ausschließlich gepfiffen. Sie sind aus der Melodik, unter Umständen auch aus der Artikulation der gesprochenen Sprache abgeleitet, beinhalten keine Worte im Sinn der Sprache und ermöglichen dennoch eine ausführliche Übertragung von Informationen, das Erkennen von Dialekten und oft sogar von einzelnen Individuen. Die Existenz der Pfeifsprachen ist kein Argument für die Theorie, daß sich Sprache aus dem Gesang entwickelt hat. Vielmehr beweisen die Pfeifsprachen, daß unter bestimmten ökologischen Bedingungen musikalische Elemente die Rolle der Worte übernehmen können, und zwar in Kulturen, wo im übrigen auch eine sprachliche Kommunikation existiert und unter normalen Umständen ausreicht. Eine unvollkommene Analogie zum Silbo läßt sich noch im Jodeln erkennen.

Die wohl reichhaltigste Quelle melodischer Anregungen findet der Säugling in der »Ammensprache« seiner Eltern. Als wir uns davon überzeugen wollten, in welchem Umfang der Säugling zu vorsprachlicher Abstraktion fähig ist, war es nicht ganz unerwartet, daß wir besonders deutliche Beispiele in Bezug auf Vögel entdeckten (Papoušek und Papoušek, 1984). Offenbar spielen die vielfältigen Erfahrungen des Säuglings mit Vögeln dabei eine Rolle, daß er oft lange vor dem Erlernen des Wortes den Vogel z. B. durch einen nachahmenden Pieplaut oder durch Flügelbewegungen mit den Armen zu symbolisieren beginnt. Legt man ihm dann unterschiedliche Darstellungen von Vögeln in Form von Spielzeugen, Abbildungen oder plastischen Nachbildungen vor, so zeigt er durch seinen Pieplaut oder seine Fluggeste deutlich an, welcher Grad von Abstraktion noch mit seinem Konzept des Vogels vereinbar ist. Auf solche Weise werden erstaunliche Abstraktions- und Symbolisationsfähigkeiten erkennbar, denen noch keine sprachbezogenen Denkfähigkeiten zugrunde liegen.

Die früheste Differenzierung
der stimmlichen Fähigkeiten

Wie zuvor ausgeführt, beginnen sich die stimmlichen Fähigkeiten des Kindes schon bald nach der Geburt in engem Zusammenhang mit den für die Sprachentwicklung wichtigen Denkfähigkeiten zu differenzieren (Papoušek und Papoušek in Scherer, 1982). Diese Tatsache entspricht der allgemeinen biologischen Regel, daß sich die Adaptationsfähigkeiten, die für das Überleben der Art von kritischer Bedeutung sind, schon in frühestem Alter entwickeln und daß ihre Entwicklung nicht nur durch genetische Programme geschützt, sondern auch durch wirksame Förderung von seiten der Umwelt, nicht selten sogar im Überschuß unterstützt wird. Wir haben uns daher gefragt, ob und wie der frühe Vorsprung des menschlichen Säuglings in seinen Denkfähigkeiten und in seiner stimmlichen Kommunikationsbereitschaft von außen unterstützt wird. Das heutige Literaturangebot für Eltern spart zwar nicht mit pädagogischen Empfehlungen. Diese sind jedoch erst jüngeren Datums, weitgehend unspezifisch und betreffen in erster Linie die emotionale Bindung des Säuglings an seine Mutter. Im Hinblick auf die rasche Entwicklung der Denk- und Kommunikationsfähigkeiten beim Säugling wurde in dieser Literatur einer Förderung durch die Umwelt so wenig Aufmerksamkeit gewidmet, als würde sie ausschließlich von genetischen Faktoren und Reifungsprozessen bestimmt.

Als wir die frühen Eltern-Kind-Dialoge mit Hilfe von Filmen und Videoaufzeichnungen mikroanalytisch unter die Lupe nahmen (Papoušek und Papoušek in Remschmidt und Schmidt, 1981), wurden wir auf seiten der Eltern einer ganzen Reihe von Verhaltensformen gewahr, die für das Einüben der frühkindlichen Denkfähigkeiten und Vokalisationen so sinnvoll erschienen, daß vor unseren Augen das Bild einer quasi vollkommenen primären elterlichen Didaktik entstand (Papoušek und Papoušek, 1983). Aus unseren früheren experimentellen Studien über die Lern- und Denkfähigkeiten des Säuglings war uns vertraut, welche Bedingungen der Versuchsleiter erfüllen muß, um dem Säugling erfolgreiches Lernen zu ermöglichen (Papoušek, 1977). Gleichsam als wären die Eltern eingeweiht, erfüllen sie solche Bedingungen in vollkommener Weise und schaffen im Rahmen ihrer alltäglichen Zwiegespräche mit dem Baby eine Vielzahl kleiner Lernsituationen, die sehr fein auf die Entwicklungsstufe der kindlichen Wahrnehmungsfähigkeit, seiner Bewegungsabläufe und Lautbildung abgestimmt sind. Die Eltern dosieren ihre Anregungen entsprechend der kindlichen Aufnahmebereitschaft und bemühen sich, die Aufmerksamkeit des Kindes anzuregen und für die Dauer des Zwiegesprächs aufrechtzuerhalten. Sie orientieren sich dabei an den kindlichen Signalen, die ihnen verraten, wieweit der Säugling das elterliche Angebot zu bearbeiten vermag und wann er eine Erholungspause braucht.

Die Rolle der intuitiven elterlichen Didaktik

Wir erlauben uns daher, von einer elterlichen didaktischen Fürsorge zu sprechen, die gegenüber den frühen integrativen Fähigkeiten und der kommunikativen Bereitschaft des Säuglings eine ideale Entsprechung darstellt. Dabei ist zu fragen, wieso diese Formen früher elterlicher Förderung so lange der wissenschaftlichen Aufmerksamkeit entgehen konnten. Dafür sind vor allem zwei Gründe anzuführen. Einmal hat man aufgrund der herrschenden theoretischen Vorstellungen nicht mit derartigen elterlichen Fähigkeiten gerechnet. Zum anderen üben die Eltern diese Verhaltensanpassungen rein intuitiv aus, ohne sich dessen bewußt zu werden und ohne darüber Auskunft geben zu können. Das trifft selbst dann zu, wenn die Eltern fest davon überzeugt sind, daß das neugeborene Kind davon noch nichts wahrnehmen kann. Das zeigt sich häufig, wenn wir nach Beendigung unserer Beobachtungen die Eltern darüber befragten, warum sie ihr Verhalten im Umgang mit dem Baby so auffallend veränderten.

Die intuitive elterliche Didaktik gehört zu einer Kategorie biologisch verankerter Verhaltensformen, die nicht nur bei den biologischen Eltern angelegt sind (Papoušek, Papoušek und Giese, 1984). Man findet sie universell in jedem Alter, bei beiden Geschlechtern, bei Eltern und Nichteltern und bei ganz unterschiedlichen Kulturen. Allein das unterstreicht ihre biologische Bedeutung.

Leider ist noch wenig darüber bekannt, ob und in welchem Umfang solche didaktischen elterlichen Fähigkeiten auch bei Tieren verbreitet sind. Hier fehlt es an grundlegenden Beobachtungen, die vielleicht aus ähnlichen Gründen wie in der humanen Forschung, nämlich mangels entsprechender Konzepte, auch in der vergleichenden Verhaltensbiologie bisher der Aufmerksamkeit entgangen sind (Überblick s. Wilson, 1975). Zum Beispiel gibt van Lawick-Goodall, eine der erfahrenen Verhaltensbeobachterinnen von Schimpansen, an, daß Schimpanseneltern das Spiel der Jungen problemlos tolerieren, unter Umständen auch mit Interesse beobachten, jedoch, so weit erkennbar, weder anregen noch fördern. Sofern diese Beobachtungen nicht durch künftige Studien widerlegt werden, läßt sich daraus schließen, daß die Primaten auch im Bereich der elterlichen Fürsorge weniger gute Voraussetzungen für die Entwicklung kommunikativer und kognitiver Fähigkeiten haben. Es mangelt ihnen an den lebhaften sozialen Interaktionen, wie wir sie zwischen dem menschlichen Säugling und seinen Eltern finden, während derer die frühesten kommunikativen Äußerungen auf so erstaunlich didaktische Weise gefördert werden. Ob die elterliche Didaktik ein artspezifisches Phänomen ist, wird erst zu klären sein, wenn entsprechende gezielte Studien auch über nicht-menschliche Primaten vorliegen. Bei Vögeln, die ihrerseits mit den besten Voraussetzungen zum Erlernen komplexer Klangproduktionen ausgestattet sind (Nottebohm in Lenneberg und Lenneberg, 1975), erreicht die Differenzierung des Sozialverhaltens im allgemeinen nur eine niedrige Stufe, auf der die meisten Verhaltensformen durch genetische Programme und unter Umständen durch relativ rigide Prägungsvorgänge bestimmt werden. Das elterliche Engagement in der Erziehung der Jungen ist gering und läßt gerade im Hinblick auf eine Förderung von integrativen Fähigkeiten und Vokalisationen wenig erwarten.

Beispiele früher Förderung in der Sprachentwicklung

Wie differenziert die intuitive elterliche Fürsorge dagegen beim Menschen ganz besonders im Bereich der stimmlichen Kommunikation ist, sollen einige Beispiele aus unseren Studien veranschaulichen. Zunächst geht es darum, die günstigste Zeit für ein gemeinsames Zwiegespräch herauszufinden, in der der Wachheitsgrad des Kindes optimal und seine Aufnahmefähigkeit am größten ist. Die Eltern finden dies unter anderem durch Berühren der Mundregion oder der Händchen heraus, durch typische elterliche Verhaltensweisen, mit denen sie unwillkürlich auch den Muskeltonus prüfen. Immer wenn sie sich über den Zustand des Kindes im Unklaren sind, suchen sie durch leichten Druck auf das Kinn den Mund des Kindes zu öffnen (Papoušek und Papoušek, 1984). Bei einem schläfrigen Säugling läßt sich der Mund widerstands- und reaktionslos öffnen. Beim hungrigen Säugling kommt es dagegen zu Saugbewegungen und Suchreaktionen, während ein satter, psychisch aufnahmebereiter Säugling Blickkontakt aufnimmt und sein Interesse an einem Zwiegespräch mimisch und stimmlich deutlich kundtut. Oft spielen die Eltern auch mit den Händchen des Kindes und suchen seine Fäustchen zu öffnen (Papoušek und Papoušek in von Cranach u. a., 1979). Auch hier deutet ein schlaffer Muskeltonus auf Müdigkeit hin, die Auslösung eines festen bis krampfhaften Greifreflexes auf erhöhte Spannung und ein aktives Fingerspiel auf die günstigste Zeit für einen Dialog.

Anders als bei den meisten Tieren spielt der Blickkontakt in der menschlichen Kommunikation eine zentrale Rolle, für alle Formen visueller Kommunikation ebenso wie für die Nachahmung von Mimik und artikulatorischen Mundbewegungen. Zuwendung des kindlichen Blickes signalisiert darüber hinaus Interesse an den elterlichen Anregungen, während Abwendung das Bedürfnis nach einer Ruhepause oder ein Nachlassen des Interesses verrät. Entsprechend widmen die Eltern dem Blickkontakt besonders lebhafte Aufmerksamkeit (Papoušek und Papoušek in von Cranach u. a., 1979). Sie suchen den Blickkontakt mit dem Neugeborenen von der ersten Kontaktaufnahme an, bringen ihr Gesicht immer wieder in das Blickfeld des Kindes, verkürzen auffallend den Abstand zum Kind, was seine noch eingeschränkte visuelle Wahrnehmung erleichtert, und belohnen schließlich das Kind für den erreichten Blickkontakt mit charakteristischen »Grußreaktionen«.

Eine wichtige Rolle spielt auch die Förderung der kindlichen Nachahmungsfähigkeit, die damit beginnt, daß zunächst einmal die Eltern viele der kindlichen Äußerungen selbst nachahmen (Papoušek und Papoušek, 1984). Durch solche unmittelbare Widerspiegelung des kindlichen Verhaltens wird gleichzeitig auch die Selbstwahrnehmung und das Selbsterkennen des Kindes unterstützt. In den Zwiegesprächen machen sich die Eltern dem Kind vertraut und voraussagbar, indem sie ihr eigenes Verhalten in Richtung auf gut von einander differenzierbare elementare Grundmuster vereinfachen und diese unzählige Male geduldig wiederholen. Regelmäßig beantworten sie bestimmte kindliche Signale in einer dem Kontext angemessenen Weise, was dazu führt, daß der Säugling bald lernt, diese Antworten der Eltern selbst auszulösen, d. h. die Eltern gewissermaßen zu manipulieren. Das mag bedenklich klingen, ist jedoch für den Säugling die erste verfügbare, von der Natur vorgesehene Möglichkeit, zu erlernen, wie man etwas in der Umwelt den eigenen Bedürfnissen entsprechend durch eigenes Handeln beeinflussen und verändern kann (Papoušek und Papoušek, 1984).

Für ebenso wichtig halten wir die spielerische Weise, in der die Eltern ihre ersten didaktischen Lektionen erteilen. Bereits beim Studium der kindlichen Wahrnehmung haben bekannte Entwicklungspsychologen wie Kagan und McCall nachgewiesen, daß man die Aufmerksamkeit des Säuglings am besten durch Wiederholungen eines Grundmusters mit gelegentlichen geringen Variationen aufrechterhalten kann (s. Haith und Campos, 1983). Genau diesem Prinzip entsprechend kombinieren die Eltern im Dialog mit den kleinsten Wiederholungen und Variationen auf sehr wirksame Weise (Papoušek und Papoušek, 1981). Variationen werden vor allem dann eingeführt, wenn die Aufmerksamkeit des Kindes sinkt, wenn seine Freude am Wiederholen von etwas bereits Vertrautem abklingt und wenn es den Blick von den Eltern abwendet. Von solchen Variationen führt der nächste Schritt zu überraschenden Veränderungen von bereits relativ fixierten Konzepten, die das Kind aufgebaut hat und die die Eltern in neue Zusammenhänge bringen oder in ungewohntem Licht zeigen. Dies ist am Anfang der Entwicklung eine häufige und unumgängliche Erfahrung, da die primären kindlichen Konzepte noch sehr global sind. Für die weitere Entwicklung ist vor allem wichtig, in welchem Maße das Kind solche Erfahrungen in vergnügtem, angenehmem Wechselspiel mit den Eltern erlebt. Bereits durch solche frühen Erfahrungen kann das Kind zur Neugier, zum Explorieren und zum Anreichern seiner Konzepte ermuntert werden und über die Grenzen des üblichen Lernens hinaus durch spielerisches Variieren den Weg zu schöpferischen Fähigkeiten finden.

Beitrag der vergleichenden Verhaltensbiologie und der Entwicklungspsychobiologie zum Verständnis der Evolution der Sprache

Zusammenfassend können wir sagen, daß die neueren Kenntnisse über die vorsprachliche Entwicklung des Kindes zu der schwierigen Diskussion über den Sprachursprung mit interessanten Denkansätzen beitragen kann. So gilt es, überkommene Vorstellungen über die Wechselbeziehungen zwischen

Sprache und Denken zu korrigieren und auch in der Tierwelt die Entwicklung kognitiver Prozesse zu untersuchen. Es hat sich gezeigt, daß die charakteristischen menschlichen Fähigkeiten in der Evolution aus universellen Wurzeln erwachsen sind, die, unabhängig vom Vorhandensein einer Sprache, im Tierreich überraschend weit verbreitet sind. Auch bestimmte Aspekte der Lautproduktion sind nicht als artspezifische Fähigkeiten zu bewerten.

Die unterschiedlichen Voraussetzungen der Sprachentwicklung finden sich in der Tierwelt jedoch isoliert und über ganz verschiedene Spezies verstreut. Nur beim Menschen sind sie zu einem komplexen Wechselspiel kombiniert. Beim Menschen finden sich nicht nur die kritischen Voraussetzungen im Bauplan des Stimmtraktes, sondern auch die integrativen Fähigkeiten des Zentralnervensystems, die erforderlich sind, um das anatomisch vorgegebene Potential flexibel und adaptiv auszunutzen. Darüber hinaus ist das menschliche Kind in seinen integrativen Fähigkeiten ausgesprochen ein Frühentwickler mit ausgeprägten inneren Motivationen zum Erkunden der Umwelt und zur Kommunikation. In seiner unmittelbaren sozialen Umwelt findet es Partner, die die Entfaltung dieser Fähigkeiten fördern und ebenso innerlich motiviert sind, ihre Erfahrungen auf didaktisch wirksame Weise mit dem Kind zu teilen. Dabei werden vor allem kommunikative Fähigkeiten, stimmliches Lernen, Symbolisierung und Spiel unterstützt, d. h. Faktoren, die ihrerseits unabdingbare Voraussetzungen für den Spracherwerb bedeuten.

Vergleichsweise erreichen z. B. beim Schimpansen die kognitiven Voraussetzungen zur Symbolisierung mit Hilfe abstrakter Zeichen eine ausreichende Ebene. Es fehlt ihm jedoch der geeignete Stimmtrakt für die Artikulation ebenso wie die Bereitschaft zu stimmlichem Lernen und Lautnachahmung und wie die elterliche didaktische Förderung der Sprachentwicklung. Bei den Vogelarten, die für differenzierte Lautproduktion, Lautimitation und stimmliches Lernen besonders günstige Voraussetzungen haben, fehlen sowohl die entsprechenden Differenzierungen der Denkprozesse als auch die soziale Förderung der kommunikativen Fähigkeiten, die nach heutigen Kenntnissen nur den Menschen auszeichnen.

Um dem Rätsel der Evolution der Sprache näher zu kommen, ist somit zu empfehlen, der Frühentwicklung der integrativen Prozesse, d. h. der Lern- und Denkfähigkeiten, mehr Aufmerksamkeit zu widmen, insbesondere dem stimmlichen Lernen und Spiel. Ebenso wichtig ist es, das prosoziale Verhalten des Menschen besser zu verstehen, das im Gegensatz zu dem verbreiteten Interesse an der Aggressivität erheblich vernachlässigt worden ist, allem voran die intuitive elterliche Bereitschaft, bei ihrem Nachwuchs von Geburt an stimmliches Lernen und Spiel didaktisch wirksam zu fördern.

Mechthild Papoušek

Die Entwicklung der Sprache im Leben des Kindes*

Die Rätsel des Anfangs

Die Anfänge des Spracherwerbs, die Zeitspanne zwischen dem ersten Schrei des Neugeborenen und dem ersten Wort mit etwa einem Jahr, stellt für Psychologen, Phonetiker und Linguisten eine besondere Herausforderung dar, auch und gerade, weil sie in der eigentlichen Sprachentwicklungsforschung lange Zeit kaum in Betracht genommen wurde. Benutzt das Kind erst einmal die unserer Sprache eigenen Laute und beginnt es, unsere Sprache zu verstehen und sich durch Worte verständlich zu machen, gewinnt auch der Wissenschaftler leichteren Zugang zu den Prozessen des Spracherwerbs. Jeder, der wie die Arbeitsgruppe am Max-Planck-Institut für Psychiatrie in München versucht, den Geheimnissen des Anfangs auf die Spur zu kommen, muß den Besonderheiten der Ausgangssituation Rechnung tragen. Stellen Sie sich dabei einen neugeborenen Säugling (lateinisch: infans = nicht sprechend) im »Zwiegespräch« mit seiner Mutter oder einer anderen Bezugsperson vor.

Sprachentwicklung als integraler Bestandteil der ersten sozialen Bindungen Heutigen Vorstellungen nach vollzieht sich die Entwicklung der Sprache in untrennbarer Einheit mit der allgemeinen psychischen und sozialen Entwicklung des Kindes und ist eingebettet in die Entwicklung der ersten zwischenmenschlichen Kommunikation zwischen dem Säugling und seiner Mutter, seinem Vater und seinen Geschwistern. Die Sprachentwicklung ist ein Kernstück der ersten Beziehungen und Bindungen und geht Hand in Hand mit der Entfaltung von Wahrnehmung, Denken, intentionalem Handeln und kommunikativen Fähigkeiten. Wie man heute weiß, beginnt der Spracherwerb nicht erst dann, wenn die dafür erforderlichen anatomischen und zentralnervösen Reifungsvorgänge quasi abgeschlossen und genügend ausstrukturiert sind, gewissermaßen in einem Aufpfropfungsprozeß. Vielmehr setzt die Entwicklung bereits bei der Geburt ein und wird in der frühen vorsprachlichen Kommunikation angebahnt. Die Anfänge des Spracherwerbs lassen sich daher nur dann entschlüsseln, wenn wir mehr über die Frühentwicklung der ersten sozialen Beziehungen und über die Rolle der Eltern wissen.

48

Das Tempo der kindlichen Entwicklung am Anfang des Lebens Es wird gewöhnlich als selbstverständlich hingenommen, daß Kinder in allen Kulturen in den ersten Lebensjahren scheinbar mühelos die Sprache ihrer Umgebung erlernen, ohne daß man sich dabei den ungeheuren Entwicklungssprung vergegenwärtigt, vom sprachlosen Neugeborenen zum zwei- bis dreijährigen Kind, das in der Lage ist, eine Sprache, in mehrsprachigen Familien unter Umständen sogar zwei Sprachen zu sprechen und zu verstehen. Die dafür erforderlichen Fähigkeiten, vor allem im Bereich des Denkens, erwirbt der Säugling in einem Tempo, das in der späteren Entwicklung nie wieder einzuholen ist.

Die Sprache als solche, die sich das Kind unter dem Einfluß der Umwelt zu eigen macht, umfaßt ein ganzes Bündel von eng untereinander verknüpften Fähigkeiten, die man in der Forschung von verschiedenen Ebenen her zu erfassen sucht. Dazu gehören die phonetische Ebene der Wahrnehmung und Artikulation sprachspezifischer Laute und Lautkombinationen, die lexikalische Ebene der Wortbildungen, die grammatisch-syntaktische Ebene des Satzgefüges und seiner Oberflächen- und Tiefenstrukturen, d. h. der Beziehungen der Wörter untereinander, schließlich die semantische Ebene der Zuordnung von Bedeutungen zu den Laut-, Wort- und Satzstrukturen, und nicht zuletzt die Ebene des nonverbalen Ausdrucks mit Hilfe prosodischer (Melodik, Betonung, Tempo, Rhythmus) und paralinguistischer (Klangfarbe und Qualität der Stimmgebung) Strukturen. Die Entschlüsselung dieser hochspezialisierten sprachlichen Fähigkeiten setzt letztlich Sprache voraus, in Wechselbeziehung mit entsprechend differenzierten Denkfähigkeiten. Nicht umsonst haben sich zum Studium jeder der genannten Ebenen eigene Spezialwissenschaften etabliert. Auch das Erlernen einer Fremdsprache setzt die Beherrschung einer Sprache voraus.

Wie aber gelingt dem Säugling der Erwerb der Muttersprache, der Sprung vom ersten Schrei zum ersten sinntragenden Wort? Und welche Fähigkeiten entwickeln sich in dieser Zeitspanne? Neben den grundlegenden Wahrnehmungs- und Denkfähigkeiten, die sich im ersten Lebensjahr in Wechselwirkung von Ausreifung und Einübung entwickeln, spielt die Erprobung und Einübung der Stimm- und Artikulationsorgane in engem Zusammenhang mit deren anatomischer und neurophysiologischer Ausreifung eine wichtige Rolle. So gewinnt der Säugling zunehmend Kontrolle über die Mechanismen der Lautbildung, von den zufälligen Begleitprodukten der Atmung zur Steuerung der Atmung zugunsten der Vokalisation, von der einfachen Stimmgebung in den Grundlauten zur modulierten Stimmgebung in den ersten melodischen Konturen und von den anfänglichen reflexhaft oder zufällig erzeugten Geräuschen zur Artikulation von Konsonanten, Konsonant-Vokal-Verbindungen und Protowörtern. Dabei gilt es parallel zu erlernen, daß Laute zur Kommunikation benutzt werden können, um ein

Bedürfnis auszudrücken, um etwas auf seiten der Umwelt zu erreichen. Umgekehrt geht es darum, die aus der Umwelt wahrgenommenen Lautmuster zu der eigenen Erfahrungswelt, zu den jeweiligen Erlebnissen, dem eigenen Handeln und den eigenen Konzepten in Beziehung zu setzen und so erste Bedeutungszusammenhänge zwischen Vokalisation und Erfahrung zu erfassen.

Schwierigkeiten der Verständigung am Anfang des Lebens   Gerade im Hinblick auf die Sprache wird deutlich, wie polar gegensätzlich die beiden Partner in den frühesten zwischenmenschlichen Beziehungen sind: auf der einen Seite das Neugeborene mit seinen individuellen Eigenheiten, wechselnden Bedürfnissen und Befindlichkeiten und seiner angeborenen Bereitschaft, sich in der Umwelt zurechtzufinden, mit ihr vertraut zu werden und seine Erfahrungen zu integrieren, dies aber ohne die Mittel der Sprache, — auf der anderen Seite die Mutter (bzw. eine andere Bezugsperson) mit ihrer Individualität, ihren Stimmungen und Empfindungen, ihrer Einstellung und Fürsorglichkeit gegenüber dem Kind, mit ihrem kaum zu ermessenden Vorsprung an integrierten individuellen und kulturell tradierten Erfahrungen und ihrem Bedürfnis, diese Erfahrungen mit dem Neugeborenen zu teilen, und dies im Vollbesitz sprachlicher Möglichkeiten. Am Anfang sind diese ungleichen Partner einander fremd und unverständlich. Sie begegnen sich in den ersten Zwiegesprächen mit dem beiderseitigen Bedürfnis, einander kennenzulernen, miteinander vertraut zu werden. Wie aber können sie sich verständlich machen?

Brücken der Verständigung   Das Bemühen um gegenseitige Verständigung wäre zum Scheitern verurteilt, wenn nicht die Natur quasi vorgesorgt hätte durch eine Wiederbelebung nichtsprachlicher Kommunikationsformen in den frühesten Zwiegesprächen. Grundsätzlich kommt für die nonverbale Kommunikation jede Verhaltensform in Frage, unabhängig davon, ob sie beabsichtigt oder unbewußt ist. Auch der Erwachsene verrät durch sein nichtsprachliches Verhalten oft mehr als durch den sprachlichen Inhalt. Als Hauptkanäle der nonverbalen Kommunikation gelten das Blickverhalten, die Melodik und Klangfarbe der Stimme, die Gestik und die Mimik. Weniger beachtet, aber ebenso aufschlußreich und nuanciert sind darüber hinaus die Körpersprache, die Körperhaltung, Ablauf der Bewegungen, Muskeltonus und Körperkontakt einschließt, und viele vegetative Reaktionen wie Schweißsekretion, Errötung oder Atmung.

Beim Neugeborenen fehlt nicht nur die Sprache. Auch die Hauptkanäle der nonverbalen Kommunikation sind noch unzureichend entwickelt. So kann das Neugeborene noch nicht über längere Zeit fixieren und erreicht einen Blickkontakt nur für flüchtige Augenblicke. Die Stimme des Neugeborenen ist zwar unüberhörbar, wenn es schreit und die Umwelt auf unmißverständliche Weise alarmiert. Dieses angeborene Signal ist jedoch Ausnahmesituationen vorbehalten und als differenziertes Kommunikationsmittel, z. B. über die Ursachen des Unbehagens, untauglich (Papoušek, 1984 a). Auch im ruhigen Zustand sind die stimmlichen Ausdrucksmöglichkeiten erheblich eingeschränkt. Gestik im Sinne einer Symbolisierung durch einen bestimmten Bewegungsablauf kommt beim Neugeborenen noch nicht in Frage, da sie unter anderem eine gezielte Koordination der Bewegungen voraussetzt. Am lebhaftesten und am meisten differenziert ist das Mienenspiel des Neugeborenen, ganz besonders auch im Schlaf. Aber auch die Mimik erscheint noch überwiegend zufällig.

Um so mehr verraten die kleinen Säuglinge durch ihr gesamtes körperliches Verhalten. Sie verbergen noch nicht, was in ihnen vorgeht. Sie teilen sich der Umwelt mit durch Lebhaftigkeit und Ablauf ihrer Bewegungen, durch den Muskeltonus, der sich in der Anschmiegsamkeit beim Körperkontakt, in der Körper- und Händchenhaltung und in den Reaktionen auf Berührung der Mundregion oder der Händchen niederschlägt, durch Tempo und Regelmäßigkeit der Atmung sowie durch Temperatur, Feuchtigkeit und durchblutungsbedingte Verfärbungen der Haut.

Intuitive elterliche Unterstützung der vorsprachlichen Verständigung

Die Mutter bzw. der Vater passen sich auf vielfältige Weise an die erschwerte kommunikative Ausgangssituation an. Sie üben eine ganze Reihe von Verhaltensformen aus, die bei genauer Analyse das intuitive didaktische Programm zur Förderung der kommunikativen Fähigkeiten deutlich erkennen lassen, von dem im vorigen Kapitel ausführlich die Rede war.

Empfänglichkeit für Signale im allgemeinen kindlichen Gesamtverhalten
Wie ein Seismograph nehmen die Eltern Veränderungen im Verhalten ihres Kindes wahr, vor allem im Bereich der Körpersprache und Mimik. Intensiv üben sie Verhaltensformen aus wie das Betasten der Mundregion oder das Spiel mit den Händchen, mit denen sie Muskeltonus und Reaktionsbereitschaft erfassen.

Gezielte Förderung der noch eingeschränkten kommunikativen Fähig-keiten Die Eltern neigen dazu, mit Hilfe einer ganzen Reihe intuitiver Verhaltensbereitschaften Verhaltensformen, die für die Kommunikation unerläßlich sind, in ihrer Entwicklung zu fördern. Ein wichtiges Beispiel im Neugeborenenalter ist das Erleichtern und Belohnen des Blickkontakts. In besonderem Maße gilt die elterliche Unterstützung der Entwicklung der

51

kindlichen Vokalisationen und anderer für den Spracherwerb grundlegender kommunikativer Fähigkeiten (s. unten).

Rückgriff auf nonverbale Kommunikationsmittel   Die Eltern neigen dazu, ihr eigenes nonverbales kommunikatives Verhalten zu vereinfachen, durch Übertreibung zu verdeutlichen, auf gut differenzierbare prototypische Grundmuster zurückzuführen und diese häufig und regelmäßig in bestimmtem Kontext zu wiederholen. Ein Beispiel ist die Grußreaktion, mit der die Eltern regelmäßig den Blickkontakt mit dem Kind belohnen, ein Gesichtsausdruck mit erhobenen Augenbrauen, weit aufgerissenen Augen und geöffnetem Mund, der aus dem Zusammenhang gelöst unter Umständen wie eine Karikatur wirkt. Die nuancenreiche Vielfalt mimischer Ausdrucksformen in der Kommunikation unter Erwachsenen wird in ein Repertoire von wenigen sehr ausgeprägten, verlangsamt ausgeübten und deutlich voneinander abgrenzbaren mimischen Reaktionen umgewandelt (Stern, 1976). Ähnliche Veränderungen finden sich auch in der elterlichen Sprechweise, in den nonverbalen Ausdrucksformen der Sprache und Stimme (s. unten).

Die Rolle der Sprache in der vorsprachlichen Kommunikation   Paradoxerweise spielt die Sprache in den Zwiegesprächen zwischen Eltern und Kind von Anfang an eine zentrale Rolle. Auch Nichteltern männlichen oder weiblichen Geschlechts haben eine unwiderstehliche Neigung, mit dem Neugeborenen zu sprechen (Rheingold und Adams, 1980). Eine erhöhte Stimmlage (im Durchschnitt um etwa eine Terz) und ausgeprägte Tonhöhenschwankungen (bei Vätern ebenso wie bei Müttern) tragen dazu bei, die kindliche Aufmerksamkeit für die Sprache zu wecken, und verhelfen dem Säugling dazu, in dem Schwall von Umweltgeräuschen die Stimme der Eltern zu lokalisieren und ihr zu folgen (Fernald and Simon, 1984). Bereits im ersten Lebensjahr ist es für das Erlernen der Sprache wichtig, Sprache zu hören. So entwickelt sich die Artikulation der einer bestimmten Sprache eigenen Konsonanten und Vokale vor den ersten Worten in Wechselbeziehung mit dem Hören der Sprache. Achtmonatige Säuglinge z. B. lassen schon Unterschiede in der Lautbildung erkennen, je nachdem ob sie auf Spanisch oder Chinesisch plappern. Um die kritische Bedeutung einer sprechenden Umwelt unter Beweis zu stellen, bedarf es heute nicht mehr jener drastischen Experimente des Altertums, in denen man einzelne Kinder ohne Bezugspersonen aufwachsen ließ (s. Herzka, 1979). Die Ergebnisse seinerzeit waren ebenso grausam wie eindeutig. Die Kinder, wenn sie überhaupt überleben konnten, waren nur in der Lage zu stammeln.

Neue Beobachtungen aus bilingualen Familien, in denen die Säuglinge von Anfang an zwei Sprachen hören, weisen deutlich auf die wichtige Funktion der sprechenden Umwelt hin. Wird die eine Sprache durch die Mutter, die andere beispielsweise durch den Vater vermittelt, so können die Kinder mit zwei bis drei Jahren bereits beide Sprachen sprechen, auch wenn sich der Vater nur für kurze Zeit täglich mit dem Kind beschäftigt (Friedlander u. a., 1972). Entscheidend dürfte jedoch sein, daß die Sprache in einer eigens auf den Säugling zugeschnittenen Weise gesprochen wird, die ihm die Sprache in ihren einfachsten Grundformen zugänglich, vertraut und verständlich macht.

Umgang mit dem Säugling als Gesprächspartner   Kennzeichnend für die frühe Eltern-Kind-Kommunikation ist, daß die Eltern den Säugling von Anfang an als ebenbürtigen Gesprächspartner behandeln, als ob er zu absichtlichen Äußerungen und echten Mitteilungen fähig wäre (Snow, 1977). Durch Abwechseln von Sprechen und Zuhören oder Abwarten einer anderen kindlichen Reaktion gewinnen die Interaktionen schon in den ersten Monaten den Charakter späterer Gespräche: »Woher du das alles weißt!« — »Wer hat dir das alles erzählt?« — »Hm?« — »Ja, sag mir mal was!« — »Hm?« — »Ach so ist das!«

Anpassung der elterlichen Sprechweise

Um die stimmliche Kommunikation im praeverbalen Alter zu untersuchen, bedient man sich heute nicht nur des Gehörs, sondern unterschiedlicher Meßmethoden mit Hilfe von Sonagraphien oder speziellen Computerprogrammen, die eine objektive akustische Analyse ermöglichen und die wir vor allem zum Erfassen der musikalischen Elemente der Sprache (Melodik, Betonung, Intensität, Tempo und Rhythmus) einsetzen. Dabei werden folgende Kennzeichen der elterlichen Sprechweise gegenüber dem kleinen Säugling (im Volksmund früher »Ammensprache«) deutlich:
Die Eltern sprechen in verlangsamtem Tempo und in kurzen Einheiten, die durch deutliche Pausen voneinander abgegrenzt sind und häufig mit großer Regelmäßigkeit, nicht selten in rhythmischer Form, wiederholt werden. Diese Veränderungen machen das Gesprochene überschaubar und voraussagbar. Sprachlich-inhaltliche Aspekte treten meist ganz in den Hintergrund. Überwiegend hört man Kosenamen, Rufe (»hallo«, »guckuck«), Ausrufe (»ei!«, »fein!«) und Interjektionen (»hm?«, »gell?«, »ja?«). Daneben finden sich längere Sätze, in denen die Eltern mehr zu sich selbst zu sprechen scheinen und reflektieren, wie sie das momentane Verhalten und Erleben des Kindes einschätzen, was das Kind empfindet, braucht, wahrnimmt oder denkt.
Die auffallendsten und interessantesten Kennzeichen der elterlichen Sprechweise sind die melodischen Muster, lang ausgezogene melodische Konturen

mit ausgeprägten Tonhöhenschwankungen und einfacher Struktur. Noch häufiger als der Wortlaut werden die melodischen Muster wiederholt. Mit Hilfe von Computerprogrammen haben wir in unseren Studien diese kleinen Sprechmelodien nachgezeichnet und die sich jeweils wiederholenden Konturen innerhalb eines dreiminütigen Zwiegesprächs übereinander projiziert (Papoušek, 1984 b). Dies Vorgehen führte zu einem überraschenden Ergebnis: jede Mutter benützte nur etwa fünf oder sechs deutlich voneinander unterscheidbare Muster, von denen jedes trotz wechselnden Wortlautes in auffallender Ähnlichkeit bis zu viermal in drei Minuten wiederholt wurde.

In ihrem Bemühen, sich dem Baby verständlich zu machen, greifen die Eltern demnach auf die Prosodik, auf Melodik, Rhythmus und Betonungsstrukturen der Sprache zurück. Sie gehen jedoch noch darüber hinaus, indem sie die Prosodik in zweierlei Hinsicht an die kindlichen Voraussetzungen anpassen. Auf der einen Seite verwandeln sie den eher kontinuierlichen Fluß der Erwachsenenprosodik mit ihren nuancierten Übergängen und ihrem monotonen Gleichmaß in ein begrenztes Repertoire einfacher und kontrastreicher Muster. Schon das Neugeborene vermag diese Muster in ihrer globalen Gestalt wahrzunehmen und voneinander zu unterscheiden, zumal wenn die Eltern seinen noch eingeschränkten Lernfähigkeiten durch langsam und geduldig wiederholtes Vorführen des gleichen Musters entgegenkommen.

Die ersten Botschaften   Auf der anderen Seite gewinnen die melodischen Muster in der elterlichen Sprechweise ihre quasi ursprünglichen Funktionen zurück. In der Kommunikation unter Erwachsenen ist die Prosodik für das Verständnis der Sprache unerläßlich. Die Rolle der Prosodik besteht vor allem in syntaktisch-semantischen Funktionen. Unterschiedliche Betonungsmuster können die Bedeutung eines Satzes entscheidend verändern, und oft hilft nur die Prosodik, um eine Frage von einem Ausruf oder einer Aufforderung zu unterscheiden. In der elterlichen Sprechweise ist die Prosodik weitgehend losgelöst von der eigentlichen sprachlichen Kommunikation. Die prosodischen Muster scheinen einfachere nichtsprachliche Botschaften zu vermitteln. Je nachdem, ob das Wörtchen »ja« mit ansteigender Melodik, mit fallender Melodik und heller, hoher Stimme oder mit fallender Melodik und dunkler, tiefer Stimme gesprochen wird, versteht man es als animierende Frage, als bestätigendes Lob oder als tröstende Beruhigung. Das sinnfälligste Merkmal der prosodischen Muster ist die Melodie; ihre Bedeutung hängt jedoch gleichzeitig von Rhythmus, Tempo, Stimmlage, Intensität und Klangfarbe der Stimme ab.

Tatsächlich wählen und wiederholen die Eltern solche unterschiedlichen Muster je nach dem Interaktionskontext, der weitgehend durch das kommunikative Verhalten und Befinden des Kindes bestimmt wird. Ist das Kind wach und aufnahmebereit, überwiegen ansteigende oder U-förmige Konturen, mit denen die Eltern zum Vokalisieren, zum Lächeln oder zu anderen Antworten im Zwiegespräch anregen. Sinkt die Aufmerksamkeit, werden die gleichen Konturen benutzt, um die Aufmerksamkeit von neuem zu wecken. Gelingt dem Säugling auch nur der Ansatz zu einem Lächeln, erprobt er die ersten vokalartigen Laute, erreicht er Blickkontakt oder läßt er eine andere der unzähligen kleinen Errungenschaften erkennen, belohnen die Eltern, oft in den höchsten Tönen, mit fallenden oder glockenförmigen Konturen. Wenn die Eltern den Blick des Kindes auf sich ziehen möchten, locken sie mit Rufen, die in ihrem Muster dem Kuckucksruf vergleichbar sind. Wird das Kind unruhig oder quengelig, erscheinen oft kurzfristig sehr bestimmte ablehnende Äußerungen mit stakkatoartigem Muster. Bei deutlichem Ausdruck von Unbehagen oder gar Schreien suchen die Eltern durch langsam fallende Konturen zu trösten und zu beruhigen.

Der Säugling macht auf diese Weise von Geburt an die Erfahrung, daß je nach seinem eigenen Befinden und Verhalten mit großer Regelmäßigkeit von den Eltern bestimmte differenzierbare Antworten zurückkommen. Der Säugling verarbeitet die Erfahrung wiederum global, d. h., das Vertrautwerden mit den basalen prosodischen Botschaften schließt den Kontext seines eigenen Verhaltens und Handelns, seiner Empfindungen und vorausgegangenen Erfahrungen, der elterlichen Reaktionen und der äußeren Umstände ein. All das fließt zu primitiven globalen Vorstellungen zusammen. Man geht sicher nicht zu weit, wenn man darin die Anfänge eines basalen Sprachverständnisses sieht.

Der Übergang vom Verständnis prosodischer Muster zum Verstehen des sprachlichen Inhalts vollzieht sich in der Entwicklung fließend und unmerklich. Da der Säugling von Geburt an auch Sprache hört, die in die prosodischen Muster eingebettet ist, ist es äußerst schwierig herauszufinden, ob und ab wann ein Kind den Wortlaut der Sprache versteht. Das kontextbezogene Verstehen der elterlichen Sprache, das in der Einheit von Wortsprache, Prosodik und allen anderen kommunikativen Verhaltensformen wurzelt, erreicht um die Wende zum zweiten Lebensjahr eine erstaunlich differenzierte Ebene der Symbolisierung. Am Anfang des Lebens überwiegt die Prosodik in der elterlichen Sprache. Je älter das Kind wird, um so mehr verschiebt sich das Verhältnis von Prosodik und Wortsprache zugunsten des Sprachlichen.

Die prosodischen Muster sind für die Eltern nicht nur die Hauptträger basaler Botschaften, sondern gleichzeitig wichtige Mittel, um das Befinden des Kindes unmittelbar zu beeinflussen, entweder im Sinne der Anregung und Förderung eines aufnahme- und reaktionsbereiten Wachzustandes oder im Sinne der Beruhigung und Anbahnung eines erholsamen Schlafes.

Universalität der elterlichen Sprechweise Wir konnten nachweisen, daß die vielfältigen strukturellen Anpassungen der Sprechweise an die kindlichen Voraussetzungen im frühen Säuglingsalter nicht auf die Mutter beschränkt sind, sondern in Art und Ausmaß ebenso ausgeprägt bei Vätern zu finden sind (Papoušek, Papoušek und Bornstein, 1985). Darüber hinaus weisen eine Reihe transkultureller Studien darauf hin (z. B. Ferguson, 1964), daß die elterliche Sprechweise auch in unterschiedlichen Sprachgemeinschaften in universeller Weise modifiziert wird. Aufgrund des uns zugänglichen transkulturellen Materials konnten wir diesen Befund bestätigen. Eine vergleichende Gegenüberstellung von Zwiegesprächen zwischen Säuglingen und ihren Müttern, Vätern, Großeltern oder Geschwistern läßt deutlich erkennen, daß die Universalität bis hin zur prosodischen Struktur der basalen Botschaften reicht. Dies gilt selbst für die sogenannten Tonsprachen, die sich, wie z. B. das Chinesische, in ihrer Sprachstruktur extrem von den artikulatorischen Sprachen unterscheiden, zu denen das Deutsche gehört. Diese Universalität macht die biologische Verankerung dieser Kommunikationsformen deutlich.

Zwiegespräche als didaktische Sprechlektionen Ganz abgesehen davon, daß die frühen Zwiegespräche zwischen dem Baby und seinen Bezugspersonen für beide Seiten zu den beglückendsten Erfahrungen gehören können und daß man sie ebensogut einmal mehr als Austausch zartester Empfindungen, als vergnügtes Spiel oder als schöpferischen Zwiegesang betrachten kann, so sind sie doch gleichzeitig optimale Lektionen für das Kind zur Förderung seiner Laut- und Sprachentwicklung.

In allen Kulturen benutzen Eltern und Geschwister sehr ähnliche Strategien, um das Baby beim Erproben und Einüben seiner stimmlichen Möglichkeiten zu unterstützen. Wichtige didaktische Mittel sind unter anderem das Zuhören zur rechten Zeit und das regelmäßige kontingente Antworten, das Einüben des Dialogs, die anregenden und die lobenden Botschaften und das Stimulieren mit Lauten aus dem kindlichen Repertoire. Gibt das Kind dagegen weniger erwünschte Äußerungen von sich wie Quengeln, so suchen es die Eltern zu übertönen und lassen dafür keine Pausen.

Lautnachahmung Von besonderem Belohnungswert ist es, wenn die Eltern die kindlichen Vokalisationen nachahmen. Sie neigen dazu von den ersten Äußerungen des Kindes an, und sie imitieren gewöhnlich mit leichten Korrekturen, Verbesserungen oder spielerischen Ausgestaltungen in Richtung auf das eigentliche Sprachmodell hin. Der Säugling erhält dadurch eine prompte auditive Rückkoppelung für seine Lautprodukte, die ihm erlaubt, seine eigenen artikulatorischen Versuche und deren Ergebnisse mit der elterlichen Artikulation zu vergleichen. Es sind die Eltern, die mit dem Nachahmen beginnen. Bald jedoch ist es bereits schwierig herauszufinden, welcher Partner wen nachahmt. Wir haben aber eindeutige Beispiele gefunden, die erkennen lassen, daß der Säugling schon im Alter von zwei Monaten einzelne Lautelemente imitiert.

Das beginnt erstaunlicherweise mit der Tonhöhe, die er nicht selten auf den Ton genau (unter Umständen eine Oktave höher) trifft. Er ist darin offenbar zwei- bis dreijährigen Kindern und vielen Schulkindern überlegen. Die früh angelegte Fähigkeit zur Tonhöhennachahmung wurde bei dreimonatigen Säuglingen auch experimentell nachgewiesen (Kessen u. a., 1979), eine Fähigkeit, die sich allem Anschein nach wieder verliert und in späteren Jahren neu eingeübt werden muß und deren Funktion im frühen Säuglingsalter noch unklar ist.

Vom zweiten bis dritten Monat findet man bei den Säuglingen auch schon vereinzelt Nachahmungen von melodischen Mustern und wenig später deutliche Versuche, einzelne Vokale oder Konsonanten, für die sie bereits die anatomischen Voraussetzungen haben, nachzubilden. Die Eltern bleiben jedoch in Führung, wenn es um jeweils neu auftauchende artikulatorische Fähigkeiten geht, und sie stellen sich unwillkürlich und rasch darauf ein, wenn im kindlichen Repertoire neue Lautgebilde erscheinen.

Über das Einüben der kindlichen Vokalisationen hinaus hat die elterliche Nachahmung noch eine weitere Funktion, indem sie auf seiten des Kindes die Selbstwahrnehmung, die Wahrnehmung und Kontrolle der eigenen Lautprodukte und die Intentionalität beim Produzieren seiner Laute unterstützt.

Entwicklungslinien in der stimmlichen Kommunikation des Kindes

Um die praeverbale Lautentwicklung des Kindes zu beobachten und zu analysieren, bedarf es besonderer Untersuchungsmethoden, die den spezifischen Voraussetzungen des Stimmtraktes im frühen Säuglingsalter gerecht werden. Viele der ursprünglichen Ansätze in der Forschung, die das frühe Alter mit den für die ausgereifte Sprache entwickelten klassischen Methoden der Phonetik und Linguistik untersuchten, mußten fehlschlagen, vor allem, wenn die Lautentwicklung isoliert von der Eltern-Kind-Interaktion beobachtet wurde. Sie trugen zur Unterstützung einseitiger Auffassungen bei, daß der Anfang der Vokalisationen keine Differenzierung erkennen lasse, unabhängig von Einflüssen der Umwelt durch Reifung von Stimmtrakt und zentralnervösen Strukturen bestimmt sei und mit dem späteren Spracherwerb nicht viel zu tun habe (Jakobson, 1941; Lenneberg, 1967). Bereits einige der klassischen Tagebuchstudien (zusammengefaßt in Herzka, 1979; Lewis, 1936), die den Kontext der Interaktionen mit der Umwelt zumindest anekdotisch einbezogen hatten, wiesen jedoch deutlich auf Umwelteinflüsse und Kontinuitäten zwischen praeverbaler Lautentwicklung und Spracherwerb hin. Systematischere Beobachtungen sind noch immer äußerst selten, vor allem wegen der Schwierigkeiten, kindliche Vokalisationen in ihrer Eigenständigkeit adäquat zu beschreiben und zu kategorisieren (Oller, 1980; Stark, 1980). Unsere eigenen Bemühungen, die kindliche Lautentwicklung im Kontext der Zwiegespräche mit den Eltern von den musikalischen Elementen (Tonhöhe, Melodik, Dauer, Rhythmus etc.) her zu erfassen (Papoušek, 1981; Papoušek und Papoušek, 1981), haben interessante Entwicklungslinien zwischen den ersten ruhigen Vokalisationen des Neugeborenen und den ersten Einwortsätzen des Einjährigen aufgedeckt und die engen Wechselbeziehungen mit den elterlichen Anpassungen der Sprechweise deutlich gemacht.

Im Neugeborenenalter ist das kindliche Lautrepertoire − abgesehen vom Schrei − weitaus vielfältiger, als man früher angenommen hatte, wenn auch die Laute meist sehr leise, kurz und unauffällig sind und, selbst wenn sie nicht akustische Nebenprodukte autonomer Reflexe (z. B. Niesen, Schluckauf) sind, einen ausgesprochen zufälligen Charakter haben.

Die vokalartigen Grundlaute Im Lautrepertoire des Neugeborenen erscheint uns eine Gruppe von Lauten von besonderem Interesse, die wir als vokalartige Grundlaute bezeichnet haben. Sie entstehen anfangs als zufälliges Begleitprodukt der Ausatmung in entspannter Mittelstellung des Stimmtraktes. Die Stimmbänder werden im Zuge der Ausatmung kurzfristig aktiviert, so daß ein Tönchen entsteht; Mund- und Rachenraum werden jedoch noch nicht in ihren Möglichkeiten als Resonanzraum ausgenutzt, insbesondere noch nicht für die spezifischen Resonanzkonfigurationen, die für die Differenzierung der Vokale kennzeichnend sind (Lieberman u. a., 1972); die Atmung wird noch nicht zugunsten der Stimmgebung modifiziert. Häufig erscheinen die Grundlaute in Sequenzen im Rhythmus der Atmung.
Die vokalartigen Grundlaute sind trotz ihrer geringen Differenzierung in zweierlei Hinsicht interessant. Zum einen sind sie im Dialog mit den Eltern die ersten stimmlichen Signale, die nuanciert über das kindliche Befinden Aufschluß geben, und zwar durch den jeweiligen Rhythmus, in dem sich Beschleunigungen, Verlangsamungen oder Unregelmäßigkeiten der Atmung niederschlagen, ebenso wie durch die Klangfarbe der Stimme. Die Stimmgebung reagiert besonders fein auf Spannungs- und Erregungsänderungen im vegetativen Nervensystem, so daß die Laute einmal entspannter, offener und weicher, einmal angespannter und gepreßter klingen. Indem die Eltern auf solche Unterschiede im stimmlichen Ausdruck kontingent reagieren, machen schon die kleinsten Säuglinge die Erfahrung, daß ihre Laute dazu

dienen können, auf seiten der Eltern etwas auszulösen oder zu erreichen (s. oben).

Zum anderen sind die Grundlaute die wichtigsten Vorstufen der weiteren Lautentwicklung. Sie werden in den ersten beiden Monaten ausgestaltet. Der Säugling übt ein, seine Atmung im Dienst der Lautbildung zu verlängern und unter Kontrolle zu bringen. In der Folge werden die Laute länger, lauter, zunehmend wohltönender und musikalischer. Vom Ende des zweiten Monats an erscheinen erste Anklänge an Vokale und weiche Gaumenlaute (*g* und *r*), die Tönchen werden zu kleinen melodischen Mustern moduliert und es entstehen Lautketten, die verbreitet als Gurrlaute bezeichnet werden.

Spielerisches Erproben der Stimme in Monologen und Dialogen Solche Lautketten sind anfangs häufiger, wenn der Säugling »mit sich selbst beschäftigt« ist, in Monologen vor dem Einschlafen oder früh beim Aufwachen oder auch, wenn das Baby etwa ein Mobile beobachtet oder mit etwas spielt. Erst später finden die Gurrlaute auch Eingang in die Zwiegespräche mit den Eltern, da die Kinder zunächst mit dem Zuhören vollauf ausgelastet sind.

In den Gurrlauten deutet sich bereits an, daß die Säuglinge allmählich dazu übergehen, den ganzen Reichtum ihrer stimmlichen Möglichkeiten Zug um Zug auszuloten, einzuüben und dadurch Kontrolle über die Stimmgebung, über die Modulationen von Melodik, Intensität und Klangfarbe der Stimme und über die Anfänge der sprachbezogenen Artikulation zu gewinnen. Es geht quietschend bis zu den höchsten und brummend bis zu den tiefsten Tönen. Lautes Freudengeschrei wechselt mit zartestem Fiepen. In der Dauer werden die Vokalisationen ab und zu so sehr ausgedehnt, daß das Kind dabei außer Atem gerät. Zur Bereicherung des Repertoires scheint jedes Mittel recht: ein Überschuß von Speichel im Mund, Spielzeuge oder Finger, die in den Mund gesteckt werden, das Anliegen des Zäpfchens an der hinteren Rachenwand im Liegen oder die ersten Zähnchen. Die zunächst zufällig hörbaren Produkte sucht das Kind von neuem hervorzubringen und, sobald ihm dies gelingt, mit großer Ausdauer und offenkundigem Vergnügen zu wiederholen. Die Freude und Unermüdlichkeit des Kindes und der musikalische Wohlklang der Vokalisationen machen die praeverbalen Lautspielchen auch für den Außenstehenden unwiderstehlich. Der Säugling hat seine Stimme als eine Art Spielzeug entdeckt, das umso beliebter wird, je mehr er Kontrolle darüber gewinnt, zumal es auch unabhängig von der Präsenz der Eltern oder Geschwister ständig verfügbar und in seinen Möglichkeiten quasi unerschöpflich ist.

Die Eltern bieten den Kindern ein gutes Modell für den spielerischen Umgang mit der Stimme, indem sie ihre eigenen stimmlichen Äußerungen nie monoton wiederholen, sondern mit abgestuften Variationen von Stimmlage, Tempo, Rhythmus oder Intensität teils steigern, teils abschwächen, teils neu kombinieren, spielerisch verfremden oder in neue Zusammenhänge bringen.

Darüber hinaus stimmen Eltern und Geschwister in allen Kulturen in das kindliche Spiel mit der Stimme ein oder verlocken das Kind zu neuen Variationen, indem sie es durch Nachahmung der jüngsten Errungenschaften aus seinem Repertoire animieren. Daraus können sich gemeinsame Vokalisationsspiele oder gar so etwas wie musikalische Duette entwickeln, die beide Partner mit Freude und Begeisterung erleben und in denen sich beide gegenseitig zu beflügeln scheinen, so daß kaum noch auszumachen ist, wer am schöpferischsten ist. Die gemeinsamen Lautspiele gehören zu den emotionalen und kreativen Höhepunkten im Austausch zwischen Eltern und Kind. Gleichzeitig gewinnen sie – noch frei von jedem sprachlichen Bedeutungsgehalt – den Charakter echter Gespräche oder Zwiegesänge. Wechselseitiges Nachahmen von vertrauten und neuen stimmlichen Elementen und die dafür erforderliche Kontrolle über die lautbildenden Mechanismen spielen dabei eine zentrale Rolle.

Stimmlicher Ausdruck von Intentionen   Im zweiten Halbjahr sind vor allem zwei Entwicklungslinien wichtig: der stimmliche Ausdruck von Absichten und die Artikulation von Silben. Die erstere hat ihren Ursprung in den Grundlauten des Neugeborenen, in denen sich unwillkürlich unterschiedliche Stimmungen niederschlagen. Im zweiten Halbjahr greifen die Säuglinge auf diese einfach strukturierten Grundlaute (»äh«) zurück, sobald sie bestimmten Absichten Ausdruck geben wollen. Ganz gezielt und für die Eltern unmißverständlich setzen sie dabei unterschiedliche melodische Grundmuster ein, um etwas zu fragen, zu fordern, abzulehnen, zu erbitten oder die Eltern zu bestimmten Handlungen zu bewegen. Die kindlichen Botschaften, die durch entsprechende Mimik und Gestik unterstrichen werden, sind den primären prosodischen Mustern in der elterlichen Sprechweise sehr ähnlich. Sie werden in der Literatur als »Sprachakte« beschrieben (Bruner, 1975). Kennzeichnend ist der ganzheitliche Charakter dieser Kommunikationsform und die enge Beziehung zwischen stimmlichem Ausdruck, Handeln und Kontext.

Entwicklung der Silben   Ein bedeutsamer Schritt im kindlichen Lauterwerb ist das systematische Paaren von Konsonanten und Vokalen zu einfachen Silben in einer an die Sprache der Umwelt angenäherten Form. Das Einüben der Silbenartikulation beginnt in allen Kulturen etwa mit den gleichen Silben, »mama«, »dada«, »baba«, »gaga«, die interessanterweise in zahlreichen Sprachen die Grundlage für die häufigsten Wörter der Babysprache bilden, wenn ihnen auch unterschiedliche Bedeutungen zugeordnet sind. Diese anfänglich universellen, durch anatomische und physiologische Voraussetzungen bedingten Vorlieben werden bald jedoch durch feinere

Differenzierungen der für jede Sprache spezifischen Lautkontraste abgelöst. Typisch für das Einüben der Silben ist das meist monomane Wiederholen einer bestimmten Silbe in langen Ketten über einen Zeitraum von ein bis zwei Wochen, ehe sie von einer neuen Silbe vorübergehend wieder aus dem Repertoire verdrängt wird. Das Silbenplappern klingt trotzdem nicht monoton, sondern eher wie spontanes Singen, da die Silbenfolgen in wechselnde melodische und rhythmische Muster eingebettet werden.

Spiel mit musikalischen Mustern   Vom Stadium des Silbenplapperns setzt sich die Lautentwicklung in zwei Linien fort, in eine mehr auf Singen und Musik bezogene Richtung und in Richtung auf die Sprache.
Zunehmend tauchen in dem kindlichen Repertoire strukturelle Elemente aus der elterlichen Sprache und aus vertrauten Kinderliedern auf, bestimmte Silbenkombinationen, Intonationsmuster, rhythmische Strukturen oder ein Stück einer Melodie, die das Kind in seinen Monologen, noch immer losgelöst von sprachlichen Inhalten, einübt und zu immer komplexeren Mustern zusammenfaßt, variiert und kreativ weiterentwickelt. Die schöpferische Beschäftigung mit derartigen prosodisch gesprochenen oder gesungenen Lautmustern hat wichtige Funktionen im Hinblick auf die mit der Lautgestaltung verbundenen Denkprozesse, auf das Bearbeiten von Schemata der Lautmuster und auf den schöpferischen Umgang mit solchen Schemata. Auch dies ist Spiel mit Produkten der Stimme, bereits auf einer höheren Ebene der Integration als das anfängliche spielerische Erproben der Stimme. Die Säuglinge üben es bis weit in das zweite Lebensjahr hinein mit viel Ausdauer und Vergnügen.
Auch das Spiel mit gesprochenen oder gesungenen Lautmustern wird in das Zwiegespräch mit den Eltern einbezogen bzw. durch die Eltern angeregt und gefördert. Es findet sich auch in quasi ritualisierten Formen in einer ganzen Reihe von Interaktionsspielen, die die Eltern in den ersten beiden Lebensjahren in vielen Kulturen in auffallend ähnlichen Versionen mit den Kleinen spielen, wie »Hammele hammele-dutz«, »guckguck – da«, »hoppe hoppe Reiter«, »kommt ein Mäuschen…« und andere Kitzelspiele. All diesen Spielchen ist gemeinsam, daß sich ein bestimmter Ablauf in Bewegung, Melodik, Rhythmik und Sprache so regelmäßig wiederholt, daß das Kind Vorstellungen und Erwartungen über den Ablauf ausbilden und schließlich gewissermaßen aktiv mitspielen kann. Solange es noch nicht zu eigenen intentionalen Handlungen fähig ist, spielt es mit, indem es sein Vergnügen nicht nur über die Pointe des Spielchens, sondern schon antizipatorisch in Erwartung der Pointe äußert und weitere Wiederholungen in immer neuen Variationen »erbettelt«.

Symbolisierung durch Gesten und Laute   Erst wenn der Säugling deutliche Silben artikuliert, beginnen die Eltern, die sich bietenden Gelegenheiten auszunutzen, um bestimmte Silben bestimmten Gegenständen oder Personen zuzuordnen. Darüber hinaus mögen die Eltern Signale dafür haben, daß ihr Kind etwa im gleichen Alter in seinen Abstraktions- und Symbolisationsfähigkeiten so weit fortgeschritten ist, daß es mit solchen Zuordnungen etwas anfangen kann. Darüber ist noch wenig bekannt. Deutlich ist aber, daß die Eltern relativ plötzlich inmitten der Phase des Silbenplapperns ihre Strategien ändern und damit anfangen, Gegenstände und Personen der Umwelt zu benennen, die Namen deutlich zu artikulieren und kindlichen Silbenmustern Bedeutungen zuzuordnen. Mit Hilfe solcher Wortkerne des Kindes wird ebenso wie mit Hilfe von Gesten die Kommunikation durch Symbole eingeübt und die eigentliche sprachliche Kommunikation durch Wörter vorbereitet.

Einwortsätze Aus den Wortkernen entstehen die ersten deutlich artikulierten Wörter, oft jedoch erst nach einer längeren Phase, in der die Kinder im sogenannten »Telefonjargon« daherplappern und dabei die Prosodik der elterlichen Sprechweise so täuschend ähnlich nachahmen, daß man von weitem den Eindruck einer sinnvollen sprachlichen Kommunikation gewinnt.

Die Aneignung der sprachlichen Prosodik und die Artikulation erster Wörter verbindet sich schließlich im zweiten Lebensjahr zu den »Einwortsätzen«. Sie tragen diese Bezeichnung zu recht. Sobald das Kind das Symbolisieren mit Hilfe einzelner Wörter beherrscht, greift es als Intonationsstruktur die Gesamtkontur entsprechender vollständiger Sätze aus der elterlichen Sprache auf. In dieser Phase kommen die syntaktisch-semantischen Funktionen der Prosodik besonders zur Geltung. Indem das Kind ein einzelnes Wort einmal in die Kontur einer Frage, ein anderes Mal in die einer Aufforderung kleidet und diese mit symbolischen Gesten verbindet, gelingt es ihm, bereits komplexere Sinnzusammenhänge und detaillierte Absichten auszudrücken.

Die Eltern stellen sich auch auf diese Phase der Entwicklung in spezifisch didaktischer Weise ein. Neue Wörter werden mit Hilfe deutlicher Artikulation und geduldiger Wiederholungen eingeführt und eingeübt und innerhalb der Satzprosodik durch Betonung und Anheben der Stimme hervorgehoben. Die Eltern bevorzugen ein konkretes Vokabular und benutzen vermehrt vollständige Sätze, jedoch mit stark vereinfachter Satzstruktur.

Mit der Entwicklung der Einwortsätze haben Eltern und Kind einander den Zugang zu neuen unerschöpflichen Möglichkeiten der sprachlichen Kommunikation erschlossen. Ein wichtiger Meilenstein in der Entwicklung scheint erreicht. Der Übergang von der praeverbalen Verständigung zur Kommunikation mit Hilfe der Wortsprache hat sich jedoch fließend vollzogen. Er wurde durch die Sprache der Eltern in vielfältigen Anpassungen und durch Rückgriff auf universelle, biologisch verankerte Grundformen der Kommunikation vermittelt. Die nichtsprachlichen Kommunikationsformen ihrerseits erfüllen auch weiterhin unersetzbare Funktionen – unterstützend in Bezug auf das weitere Erlernen der Sprache und auf die sprachliche Verständigung, oder autonom in Bereichen der zwischenmenschlichen Kommunikation, die der Sprache im allgemeinen nicht zugänglich sind, es sei denn, daß sie durch die Sprache der Dichtung erschlossen werden.

Abschließende Bemerkungen

Die skizzierten Entwicklungslinien, die unseren heutigen Kenntnissen nach die Anfänge des kindlichen Spracherwerbs kennzeichnen, lösen noch nicht die Rätsel des Spracherwerbs oder gar des Sprachursprungs in der menschlichen Evolution. Sie verdeutlichen jedoch einige interessante Aspekte, die, wie wir meinen, auch im Hinblick auf den Ursprung der Sprache bedenkenswert sind.

1. In der menschlichen Ontogenese ist der Spracherwerb eng in die Entwicklung der ersten sozialen Beziehungen integriert. Er setzt nicht nur das Hören von Sprache, sondern auch eine spezifische Ebene prosozialen Verhaltens voraus.

2. Die Anbahnung des Spracherwerbs beginnt mit der Geburt des Kindes und vollzieht sich Hand in Hand mit der Entfaltung und Differenzierung von Wahrnehmung, Denken, intentionalem Handeln und kommunikativen Fähigkeiten. Reifungs- und Einübungsprozesse unter dem Einfluß der Umwelt sind dabei nicht voneinander zu trennen.

3. Das Neugeborene ist von der Natur mit unentbehrlichen Voraussetzungen für den Erwerb der Sprache ausgestattet: mit Fähigkeiten und, mehr noch, mit dem Bedürfnis, die Umwelt mit allen Sinnen wahrzunehmen, sich mit ihr vertraut zu machen, seine Erfahrungen über sich und die Umwelt zu integrieren und sich darüber mit der Umwelt zu verständigen. Da diese Fähigkeiten zunächst noch erheblich eingeschränkt und zum Teil nur keimhaft angelegt sind, bedürfen sie zu ihrer Entfaltung besonderer Voraussetzungen auf seiten der Umwelt, die das Kind in optimaler Weise im Zwiegespräch mit seinen Eltern findet.

4. Mit Hilfe intuitiver didaktisch wirksamer Verhaltensanpassungen, vor allem im Bereich der Sprache, fördern die Eltern im Zwiegespräch mit dem Säugling nicht nur die artikulatorische Lautentwicklung, sondern auch die für den Spracherwerb erforderlichen kommunikativen und integrativen Fähigkeiten wie das Abwechseln im Gespräch, die stimmliche Nachahmung, den intentionalen Gebrauch von Lauten, ein globales Sprachverständnis, den Gebrauch der spracheigenen Prosodik und den

spielerisch-schöpferischen Umgang mit Stimme und Lautmustern. Beim Einüben dieser Fähigkeiten spielen die musikalischen Elemente in Stimme und Sprache eine primäre Rolle.

5. Der intuitive Charakter der elterlichen Fürsorge, das Zurückgreifen auf basale vorsprachliche Kommunikationsformen ebenso wie ihre universelle Verbreitung bei beiden Geschlechtern, in jedem Alter und in zahlreichen sehr unterschiedlichen Kulturen und Sprachgemeinschaften lassen den Schluß zu, daß die Natur auch auf seiten der Eltern für eine artspezifische Förderung des Spracherwerbs verläßlich Vorsorge getragen hat.

Helmut Gipper

Sprachursprung und Spracherwerb

Phylogenetische und ontogenetische Probleme der Entwicklung des Menschen in heutiger Sicht

Wer die Frage nach dem Sprachursprung stellt, hat den Boden der Bibel, deren Schöpfungsgeschichte für viele noch bis ins 18. Jahrhundert als verbindlich galt und zu der die Fundamentalisten in den USA wieder zurückkehren wollen, bereits verlassen. Denn dort wird der Mensch von Gott geschaffen, und damit ist ihm zugleich auch Sprache geschenkt. Dies wird zwar nicht eigens erwähnt, aber Gott redet mit Adam, und dieser versteht, was ihm gesagt wird. Aber Adam besitzt nicht nur Sprache – welche, bleibt ohnehin offen –, sondern er vermag auch das, was ihm in der neu erschaffenen Welt begegnet, aus eigener Kraft zu benennen. So heißt es Genesis 2.19:

> Denn als Gott der Herr gemacht hatte von der Erde allerlei Tiere auf dem Felde und allerlei Vögel unter dem Himmel, brachte er sie zu dem Menschen, daß er sähe, wie er sie nennte; denn wie der Mensch allerlei lebendige Tiere nennen würde, so sollten sie heißen.

Der Sprachursprung ist also nach dem biblischen Bericht kein Problem. Wo hiernach eigens gefragt wird, kündigt sich bereits kritisches Bewußtsein, ein wissenschaftliches und philosophisches Interesse an.

In unserem Kulturbereich – und auf diesen wollen wir uns hier beschränken – sind im Laufe der Jahrhunderte zahlreiche Sprachursprungstheorien vorgetragen worden, und zwar schon lange, bevor von einem Evolutionsgedanken im modernen Sinne die Rede sein konnte. Besonders im Zeitalter der Aufklärung, als die Kritik an den alten Autoritäten und tradierten Menschenbildern wächst, sprießen Sprachursprungstheorien wie Pilze aus dem Boden. Zahlreiche Denker äußern sich zu diesem Problem; die wissenschaftlichen Akademien stellen entsprechende Preisfragen, die schon in ihrer Formulierung bestimmte Vorstellungen stillschweigend voraussetzen. So wird bereits angenommen, daß es Menschen ohne Sprache gegeben hat, und daher gilt es vor allem herauszufinden, ob ihnen die Sprache noch nachträglich von Gott geschenkt wurde oder ob sie sich Sprache selbst erfunden haben. Ist letzteres der Fall, und dem neigen die meisten zu, dann fragt sich, wie es dazu kommen konnte, welche Voraussetzungen und Umstände gegeben sein mußten, damit die Menschen sich Sprache schaffen konnten.

Sprachursprungstheorien im 18. und 19. Jahrhundert

Mustert man die zahlreichen Sprachursprungstheorien des 18. und des beginnenden 19. Jahrhunderts durch, so kommt man zu dem Ergebnis, daß die meisten nur noch historisches Interesse verdienen. Das gilt für die Ansätze Rousseaus und Condillacs ebenso wie für die Theorien von Süßmilch bis zu Jakob Grimm.[1] Gewiß finden sich dort auch manche beachtenswerte Gedanken und intuitive Einsichten, aber diese sind oft derart mit völlig unhaltbaren Spekulationen vermischt, daß das Ganze kritischer Prüfung nicht standhält.

Eine Ausnahme stellt J. G. Herders »Abhandlung über den Ursprung der Sprache« dar, die er als Antwort auf eine Preisfrage der Berliner Akademie der Wissenschaften 1770 vorlegte und die 1772 erschien.[2] Herders in Eile verfaßte Schrift, die ihm den Preis einbrachte, geht, was Scharfsinn und Weite des Blickwinkels anbetrifft, über seine Vorgänger und die meisten Nachfolger hinaus. Er bezieht anthropologische und biologische Gesichtspunkte ein, berücksichtigt den Bauplan des Menschen, seine körperliche und sinnliche Ausstattung, und er macht auf wesentliche Unterschiede zwischen Mensch und Tier aufmerksam. Das Tier hat zwar teilweise schärfere Sinne, aber es bleibt instinktgebunden und unfrei. Der Mensch hat zwar im ganzen schwächere Sinne, aber der Gesichtssinn und der »mittlere« Gehörsinn gewinnen bei ihm eine besondere Bedeutsamkeit, die er in Freiheit zu nutzen weiß. Zwar weist der Mensch, besonders bei der Geburt, gegenüber dem Tier körperliche Mängel auf, er ist dann schwach und hilflos, aber bald gelingt es ihm doch, kraft geistiger Leistung seine Mängel zu kompensieren. Dabei rückt nun die Sprache ins Zentrum der Überlegungen. Mit ihr erhebt sich der Mensch endgültig über das Tierreich und gestaltet seine Kulturwelt.

Auslösendes Moment für den Sprachursprung ist der irgendwann erreichte Zeitpunkt, an dem der Mensch nicht mehr dem Strom vorbeiflutender Sinneseindrücke passiv ausgeliefert, sondern plötzlich in der Lage ist, gleichsam eine Welle anzuhalten und aufmerkend bedenken zu können. Dazu befähigt ihn die »Besonnenheit«, wie Herder sagt. Sie ist das entscheidende Moment; hinzu kommt die Reflexion, die das Angehaltene und Bemerkte geistig begreifbar macht. Das Beispiel des Schafes ist bekannt: Der Mensch sieht das Tier — Herder spricht von einem Lamm! — mit seinen vielen Merkmalen. Da blökt es, und siehe da: er merkt bei diesem Zeichen auf, behält es, erinnert sich bei erneuter Begegnung daran und ruft aus: »Ha! du bist das Blökende«. »Das erste Merkmal der Besinnung war Wort der Seele. Mit ihm ist die menschliche Sprache erfunden.«[3] Auf die mit dieser Auffassung Herders verbundene Problematik kann hier nicht näher eingegangen werden. Sie ist eingehend diskutiert und kritisiert worden.[4] Das Moment der Merkmalfindung bleibt der entscheidende Gesichtspunkt, aber das Beispiel und seine Begleitumstände sind anfechtbar.

Der Hinweis auf das blökende Schaf stammt übrigens nicht von Herder selbst; er ist, wie Friedrich Lauchert belegt hat,[5] einem Sendschreiben des Moses Mendelssohn an den Herrn Magister Lessing in Leipzig aus dem Jahre 1756 entnommen, in dem der jüdische Philosoph den Sprachursprung mit nachahmenden Lautungen verbindet und dabei auf blökende Schafe und bellende Hunde verweist. Aber Herder läßt den Menschen ja nicht mit *mäh-mäh* oder ähnlich auf den Tierlaut reagieren, wie es dann angebracht gewesen wäre, sondern bereits mit einem fertigen Satz.

Außerdem war es mit ziemlicher Sicherheit nicht der Tierlaut, der das Interesse des Menschen auf sich zog, sondern vielmehr der praktische Nutzen, den das Schaf als Fleisch- und Wollieferant bot. Gerade solche raubtierartigen Motive wollte Herder aber ausschließen. Die Etymologie von Schaf ist übrigens bis heute ungeklärt; *Lamm* soll auf eine Grundbedeutung »junges gehörntes Tier« zurückzuführen sein. Näher an den Nutzwert des Tieres führen dän. *faar* und schwed. *får*, die auf germ. **fahaz* und ein idg. *pokos* zurückgehen, das zu griech. *pokos* ›geschorene Wolle‹ und *pekos* ›Schaffell mit Wolle‹ gehört.[6]

Wichtiger aber als diese Details sind folgende Fragen: Was befähigt den Menschen zu solcher Merkmalfindung? Woher kommt seine »Besonnenheit«, woher die »Reflexion«? Geht dabei das Denken der Sprache voraus? Wie steht es um die Voraussetzungsproblematik? Sind Anfänge dieser Art überhaupt so denkbar? Gerät man dabei nicht notwendig in einen hermeneutischen Zirkel, weil unweigerlich vorausgesetzt wird, was erst zu begründen wäre, aber gar nicht begründet werden kann? Herder erkannte diese Schwierigkeit sehr wohl. Er faßte sie im Bilde eines Kreisels und machte sich anheischig, diesen Kreisel anzuhalten. Weder sollte das Denken der Sprache noch die Sprache dem Denken vorausgehen, sondern beide waren gemeinsam als konstituierende Komponenten zu begreifen: *Ratio et oratio* lautet seine knappe Formel hierfür.[7] Ist dies aber eine akzeptable Lösung? Heutige Sprachphilosophen wie Erich Heintel, Bruno Liebrucks und Johannes Lohmann bestreiten dies mit Nachdruck. Der Sprachursprung ist zumindest sprachphilosophisch so nicht zu begründen.[8]

Das 19. Jahrhundert bleibt mit seinen Antworten auf die Ursprungsfrage weiterhin auf unsicherem Boden. Heyman Steinthal, der in der Humboldt-

Tradition stehende Berliner Sprachwissenschaftler, hat alle wichtigen Theorien zusammengestellt und seine eigene Auffassung hinzugefügt.[9] Sie bleiben alle unbefriedigend. Auch die stärkere Berücksichtigung zoologischer und psychologischer Gesichtspunkte hat im Grunde kaum weitergeholfen.

Solange über das Alter der Erde und über die Herkunft des Menschen, das heißt den eigentlichen biologischen Prozeß der Menschwerdung, die abenteuerlichsten Vorstellungen nicht ausgeräumt waren, konnte es auch auf diesem Gebiet keinen Erkenntnisgewinn geben. Man muß sich nur vergegenwärtigen, daß noch im Jahre 1650 der irisch-anglikanische Erzbischof von Armagh James Ussher aufgrund biblischer Angaben den genauen Zeitpunkt der Erschaffung der Welt genau berechnet hatte, und zwar auf den 23. Oktober des Jahres 4004 vor Christi Geburt, Sonntagmorgen 9 Uhr, nach dem Julianischen Kalender, und daß dieses abstruse Datum für viele Gläubige fast zwei Jahrhunderte lang ein fester Markierungspunkt blieb.[10] Aber auch die Naturforscher tappten bezüglich des Erdenalters wie Blinde mit dem Stock im Nebel. Immerhin wurden die angenommenen Zahlen doch mehrstelliger und ließen Raum für längerwährende Entwicklungen.

Darwins Abstammungslehre und ihre Folgen

Solche Entwicklungs- oder Evolutionsideen lagen im 19. Jahrhundert quasi in der Luft und tauchten in verschiedener Gestalt mehrfach auf.[11] Aber die Szene änderte sich doch schlagartig, als im Jahre 1859 Charles Darwins aufsehenerregendes Werk »*The origin of species by means of natural selection or the preservation of favoured races in the struggle for life*« erschien.[12] Man muß diesen langen Gesamttitel deutlich vor Augen haben, wenn man die Tragweite des Neuen abschätzen will: »Die Entstehung der Arten durch natürliche Zuchtwahl oder die Erhaltung begünstigter Rassen im Kampf ums Dasein«, so lautet die nicht ganz befriedigende Übersetzung.

Dieses Werk, dessen erste Auflage in Höhe von 1250 Exemplaren am Tage des Erscheinens bereits vergriffen war, war im Grunde kein Beginn, sondern eher der Durchbruch einer angestauten Fülle neuer biologischer Einsichten. Darwin, dem sein englischer Landsmann A. R. Wallace fast noch in letzter Minute die Priorität seiner Entdeckung wegnimmt,[13] bringt praktisch ein Faß zum Überlaufen. Er entfacht einen öffentlichen Streit der Meinungen, der viel weitere Kreise erreicht als der Kampf um das kopernikanische Weltbild im 16. Jahrhundert.

Die Vorgeschichte ist heute gut bekannt.[14] Ich kann darauf nicht eingehen. Wir wissen, daß Darwin, der große Autodidakt auf dem Gebiete der biologischen Naturwissenschaften, erst allmählich und spät von einem Fundamentalisten, der an den Schöpfungsbericht glaubte, zu einem Evolutionisten wurde, der sich zur Annahme einer steten Veränderung im Reiche des Lebendigen und der Entstehung neuer Arten und Lebensformen gedrängt sah. Es ist auch hinlänglich bekannt, daß seine fünfjährige Weltreise auf dem Forschungssegler Beagle und seine Erlebnisse auf den Galapagos-Inseln wesentlich zur Reifung seiner Anschauungen beigetragen haben.[15] Den eigentlichen Schlüssel zum Tor seiner neuen Theorien lieferte ihm das Buch des englischen Landpfarrers Thomas Robert Malthus »An essay on the principles of population«, das er zufällig 1838 las.[16] Hier vertrat Malthus die Ansicht, daß die ungeheuerliche Überproduktion der Lebewesen durch den *struggle for life* gesteuert werde. Dieses Stichwort griff Darwin auf. Es wurde ihm jetzt klar, daß der stete Geburtenüberschuß aller Lebewesen auf begrenztem Lebensraum zur Reduktion und Auslese zwingt.

Auf einen knappen Nenner gebracht, besagt Darwins Theorie folgendes: Alle Vertreter einer Tier- oder Pflanzenart sind geringfügig verschieden. Diese nicht näher zu begründende Tatsache ist als Faktum hinzunehmen. Es werden stets weit mehr Nachkommen geboren als dies zur Arterhaltung nötig wäre. Nur diejenigen überleben aber, die sich den jeweiligen Umweltbedingungen am besten anzupassen vermögen, die übrigen gehen zugrunde bzw. dienen anderen zur Nahrung. Die mit der Geburt gegebene individuelle Eigenart ist ein Produkt des Zufalls, die anschließende Selektion aber unterliegt bereits bestimmten Gesetzmäßigkeiten und Notwendigkeiten. Es findet eine graduelle Veränderung der Lebewesen statt, die zur Herausbildung neuer Arten führt. Da die Natur nur die Überlebenstüchtigen begünstigt, kommt es praktisch zu einer Verbesserung und Vervollkommnung, aber dennoch kann von einer Zielgerichtetheit der Evolution keine Rede sein. Von »höher« oder »tiefer« sollte daher, so rät Darwin, lieber nicht gesprochen werden.[17]

Er beweist indessen die Entstehung neuer Arten in seinem Hauptwerk nicht. Er sieht die Schwachstellen seiner Theorie und bringt mögliche Einwände selbst vor. Auf die Evolution des Menschen geht er am Schluß nur mit einem einzigen andeutenden Satz ein: »Light will be thrown on the origin of man and his history«.[18]

Heute sind die Mängel der Darwinschen Theorie klar erkannt. Karl Popper geht sogar soweit, zu bestreiten, daß es sich überhaupt um eine Theorie handelt.[19] Der Ursprung zahlreicher Tierfamilien ist nach wie vor völlig unbekannt. Die Zurückführung der existierenden Arten auf wenige Ahnen ist nicht gelungen, die Rückverfolgung aller Arten auf die ersten lebenden Einzeller bleibt eine Hypothese, die sich bisher jeder Verifizierung entzieht. Es gibt zahlreiche Fakten, die auch die Neodarwinisten nicht zu erklären vermögen. Ungelöst ist das Problem der Vererbung erworbener Eigenschaften. Darwin spielte zwar mit diesem Gedanken, die Neodarwinisten lehnen ihn aber strikt ab; trotzdem muß erklärt werden, wie durch Anpassung zustandegekommene Änderungen in die Erbsubstanz, ins Genom, gelangen. Rätselhaft bleiben die nachweisbaren Präadaptationen, das heißt Neuerungen, die weit in die Zukunft vorausweisen, aber bei der Entstehung noch völlig nutzlos sind. So zeigen die Vorstufen der Vögel Ansätze zu Flügeln und zur Ausbildung von Federn, lange bevor das Fliegen tatsächlich realisiert werden konnte. Alle diese ungelösten Rätsel hat Gordon Rattray Taylor in seinem Buch »Das Geheimnis der Evolution« zusammengestellt.[20]

Dies alles aber ändert nichts an der unbestreitbaren Grundtatsache, die heute von allen Fachleuten von Rang akzeptiert ist, daß es tatsächlich eine Evolution gegeben hat. Dies gilt – und das ist für unseren Zusammenhang entscheidend – mit Sicherheit für den Menschen. Es ist sicher, daß er sich aus tierischen Formen im Laufe eines Zeitraums von ca. 30 Millionen Jahren entwickelt hat, das heißt in einem – relativ zum angenommenen Alter der Erde von 4, 5 Milliarden Jahren – recht schnellen Prozeß. Es hat ein Tier-Mensch-Übergangsfeld gegeben, das Gerhard Heberer vor ca. drei Millionen Jahren ansetzt. Doch davon später.

Bevor wir uns diesem Problem zuwenden, sei es gestattet, wenigstens auf ein Begriffsproblem hinzuweisen, das bis zum heutigen Tage zu grobem Mißverstehen der Auffassungen Charles Darwins geführt hat.

Hier ist zunächst der Hinweis wichtig, daß der Ausdruck *evolution*, also *Evolution* bzw. *Entwicklung*, in Darwins Hauptwerk gar nicht vorkommt. Er spricht vielmehr von *theory of descent*, also *Abstammungslehre*, und braucht im übrigen die Ausdrücke *transmutation* bzw. *transformation*, also *Umwandlung* oder *Umformung*. Nur am Schluß des Hauptwerks wird einmal das Verbum *to evolve* gebraucht.[21] Dies ist aber für die Einschätzung der Theorie nicht ohne Folgen. Spricht man von *Evolution* oder *Entwicklung*, so legt der Wortsinn dieser Ausdrücke nahe, daß es sich um eine *Auswicklung* bzw. *Ent-faltung* von etwas handelt, was im Grunde schon bereitliegt. Dies aber würde einer zielgerichteten Ausformung eines Planes gleichkommen, einer Sehweise also, die Darwins Vorstellung nicht entspricht. Der Ausdruck *Abstammungslehre* ist dagegen unverfänglicher, weil nicht geleugnet werden kann, daß alles Lebendige von Lebendigem abstammt. Mißverständlich sind auch die Ausdrücke *struggle for life* bzw. *struggle for existence*, die meist mit *Kampf ums Dasein* übersetzt werden. Die Anpassung der lebenstüchtigeren Varianten an wechselnde Umweltbedingungen hat aber in vielen Fällen gar nichts mit einem Kampf im eigentlichen Sinne zu tun, und Darwin wollte den Ausdruck daher auch nur im weiten Sinne, also metaphorisch, verstanden wissen.[22] Noch irreführender aber ist der Ausdruck *survival of the fittest*, den Darwin erst später von Herbert Spencer übernahm,[23] denn jede Übersetzung zwingt zur Interpretation: Handelt es sich um ein Überleben des Tüchtigsten, des Stärksten, des Rücksichtslosesten o. ä.? Gemeint ist die Anpassungseignung, die dem Zufall der Vererbung zu danken ist. Auch hier ist eine enge Auslegung verhängnisvoll. Denn selbst die in jeder Hinsicht schwachen Regenwürmer bestehen im »Kampf ums Dasein«, weil sie sich so zahlreich vermehren, daß sie ihre wichtige Rolle im Haushalt der Natur bei der Aufbereitung des Humusbodens erfüllen können. Darwin kannte diese ökologischen Zusammenhänge und Wechselwirkungen genau, wie seine späte Abhandlung über die Regenwürmer beweist.[24]

Kurzum, eine gerechte Beurteilung der Darwinschen Theorie setzt voraus, daß die Begriffe in dem wirklich von ihm gemeinten Sinne verstanden und nicht vorschnell mißdeutet werden. Der Mensch hat sich aufgrund seiner medizinischen und technischen Errungenschaften ohnehin aus dem natürlichen Selektionsprozeß weitgehend gelöst, was allerdings nicht ausschließt, daß er in den heutigen Industriegesellschaften einen rücksichtslosen Kampf ums Dasein betreibt, wie ihn der Sozialdarwinismus schon zu Beginn des Jahrhunderts beschrieben hat.[25]

Das Problem der Menschwerdung

Wenden wir uns nun dem eigentlichen Problem der Menschwerdung und der damit engstens verbundenen Frage des Sprachursprungs zu.

Die heutige Forschungslage läßt es aufgrund des in den letzten Jahrzehnten sprunghaft angewachsenen Fossilienmaterials zu, die Hauptlinien dieser Evolution nachzuzeichnen. Dabei ist wichtig hervorzuheben, daß sich die entscheidenden Evolutionsschritte in beträchtlichen Zeitabständen, aber jeweils in verhältnismäßig schneller Entwicklung vollzogen haben. Als die morphologischen Voraussetzungen der Menschwerdung werden allgemein anerkannt: die Erreichung der Zweibeinigkeit (Bipedie), das damit verbundene Aufrichten des Körpers und das Freiwerden der Hände und deren Entwicklung zum wichtigsten Werkzeug des handelnden Menschen überhaupt, die besondere Entwicklung des Seh-, Gehör- und Tastsinns, die Umgestaltung der Mundregion, die Ausbildung des humanen Gebisses, die Rückbildung der Schnauze, die Verlagerung und Umgestaltung des Kehlkopfes und vor allem die entscheidenden Veränderungen des Schädels, der Raum für ein schnell wachsendes und leistungsfähiger werdendes Gehirn schaffen mußte.[26] Die Gründe für diese Evolution sind viel diskutiert worden: Gewaltige Klimaveränderungen, das Zurückweichen der großen Waldgebiete und damit verbunden der Übergang vom Baumleben zum Leben in der gefährlichen Savanne, das höhere Intelligenz erforderte, usw.[27] Bemerkenswert ist, daß die wichtigen Entwicklungsschritte, wie schon gesagt, in großen Zeitabständen erfolgten.[28] So trennten sich die sogenannte Altweltaffen (Catarrhinae) bereits im Frühtertiär, also vor ca. 40 Millionen

Jahren, in die beiden Zweige der niederen Altweltaffen (Cercopithecoidae) und der Menschenartigen (Hominoidea), zu denen die Menschenaffen (Pongidae und Hylobatidae/Gibbons) sowie die eigentlichen Menschenähnlichen (Hominidae) gehören. Die Aufspaltung der Menschenartigen in Menschenaffen und Menschenähnliche (Hominiden) erfolgte im mittleren bis späten Miozän, also vor ca. 25–30 Millionen Jahren. Diese Trennung zeigt sich zunächst in der Ausbildung typischer Unterschiede im Gebiß (Form des Zahnbogens, Ausbildung der ersten unteren vorderen Mahlzähne [Praemolaren], Verschwinden der sogenannten Affenlücke). Die wichtige Bipedie hatten wohl schon die bekannten kleinwüchsigen Australopitheciden im Wesentlichen im Pliozaen, vor mehr als 3 Millionen Jahren, erreicht. Ihr Hirnvolumen entsprach jedoch mit ca. 450 cm^3 noch dem heutiger Menschenaffen. Das sogenannte Tier-Mensch-Übergangsfeld, das G. Heberer im oberen Pliozaen vor mehr als 3 Millionen Jahren ansetzt,[29] soll relativ schnell durchschritten worden sein. Die entscheidende Endphase der Entfaltung des Großhirns kam ganz zuletzt, nach D. Stark vor ca. einer Million Jahren.

Als erster Vertreter unserer Gattung gilt nach dem heutigen Stand der Forschung der sogenannte *homo erectus*, der vor ca. 1, 3 Millionen Jahren auftrat, in der Lage war, Werkzeuge herzustellen und bereits den Gebrauch des Feuers kannte. Umstritten ist die genaue Stellung des sogenannten *homo habilis*, der später folgte. Weitere Frühmenschenformen wie die Neandertaler, die heute nicht mehr als unsere direkten Vorfahren gelten, haben bereits ihre Toten mit Grabbeigaben bestattet, und die Cro-Magnon-Menschen überraschen mit ihren großartigen Höhlenmalereien und Skulpturen, die sicher schon mythische Bedeutsamkeit gehabt haben und nicht etwa nur als Dekoration dienten.[30]

Hier nun, in den soeben genannten Verhaltensweisen und Fähigkeiten, haben wir Indizien dafür zu sehen, daß diese Lebewesen sich bereits Gedanken über den Tod und ein etwaiges Leben danach machten und das zu erjagende Wild durch Jagdzauber schon vorher in ihre Gewalt zu bringen suchten. Dies aber dürfte ohne Sprache undenkbar sein. Vorgefundene Gegenstände wissen Tiere bereits als Werkzeuge zu benutzen. Das ist also nichts Menscheneigentümliches. Aber vorgefundene Gegenstände als Werkzeuge zu gebrauchen, um damit andere, und zwar bessere Werkzeuge herzustellen, das ist keinem Tier möglich. Zwar hat man versucht, Menschenaffen zu solcher Werkzeugherstellung zu bewegen, aber dies gelang nur mit entsprechend präparierten Gegenständen, die leicht in entsprechende Formen zu bringen waren.[31] Bei echter Werkzeugherstellung liegt gedankliche Planung, bestimmte Absicht vor. Auch dies ist ohne sprachliche Stützung kaum denkbar. Damit haben wir bereits wichtige Hinweise auf das mögliche Vorhandensein von Sprache zusammengetragen.

Das Problem des Sprachursprungs

Aber damit ist natürlich der eigentliche Sprachursprung noch keineswegs erklärt. Die Kernfrage ist nach wie vor unbeantwortet. Welche Antworten werden aber heute erwogen? Manche nehmen an, die genaue Beobachtung des Verhaltens nichtmenschlicher Primaten in freier Wildbahn könnte des Rätsels Lösung näherbringen. Aber wildlebende Schimpansen, wie sie von Jane van Lawick-Goodall beobachtet worden sind, haben kein sprachähnliches lautliches Verständigungssystem.[32] Vielmehr kommunizieren sie mit einer Mischung aus Lauten, Gebärden, Grimassen, Körpermotorik usw. Von Sprache im eigentlichen Sinne kann keine Rede sein. Alle Annahmen, aus Tierlauten seien allmählich Sprachlaute geworden (sogenannte Wauwau-Theorien), oder eine primäre Gebärdensprache sei schrittweise durch Lautsprache abgelöst worden, sind nicht aufrechtzuerhalten und führen nicht zum Ziel. Solche kurzschlüssigen Hypothesen verkennen die Besonderheit der menschlichen Sprache gegenüber den Kommunikationssystemen der Tiere.

Hier ist nun mit Nachdruck hervorzuheben, daß sich das Wesen menschlicher Sprache keineswegs in der Kommunikation erschöpft. Kommunikation gibt es überall im Tierreich. Menschliche Sprache aber ist darüber hinaus Erkenntnismittel, das heißt geistiger Zugang zur sinnlich erfaßbaren Welt. Die eigentümliche Leistung der Sprache besteht darin, daß es mit ihrer Hilfe gelingt, bestimmten Sinn und bestimmte Bedeutung fest an artikulierte Lautungen zu binden und damit gedanklich verfügbar zu machen. Es handelt sich, wie Wilhelm von Humboldt es so meisterhaft ausgedrückt hat, um »die sich ewig wiederholende Arbeit des Geistes, den articulierten Laut zum Ausdruck des Gedanken fähig zu machen«.[33] Dies ist etwas ganz anderes als der lautliche Ausdruck von Bedürfnissen und Gefühlen durch unartikulierten Tierlaut. Beate Marquardt nimmt in ihrer Dissertation über die Sprache des Menschen und ihre biologischen Voraussetzungen an, daß Sprache zum reinen Überleben im Kampf ums Dasein gar nicht erforderlich gewesen sei.[34] Sprache ist in ihrer Sicht ein ausgesprochenes Luxusphänomen, dessen Herausbildung die Folge eines ständig wachsenden »intellektuellen Anspruches« war, den das ständig leistungsfähiger werdende Gehirn sozusagen hervortrieb. Dies ist eine bedenkenswerte Hypothese, die jetzt nicht weiter diskutiert werden soll. Auch W. v. Humboldt war im übrigen schon der Ansicht, daß der Mensch zu gegenseitiger Hilfeleistung der Sprache nicht bedurft hätte und verwies in diesem Zusammenhang auf die Elefanten, die ohne Sprache höchst gesellige Tiere geworden sind.[35] Nehmen wir also an, daß die Sprache im Grunde ein Luxus war und ist. Dann ist aber immer noch nicht erklärt, wie es zum eigentlichen Ursprung der Sprache kommen konnte.

Alle Hypothesen über das Entstehen erster Sprachformen, über die Priorität einzelner sprachlicher Kategorien usw. bleiben rein spekulativ und schlecht begründet. Wie soll aufgrund bloßer Überlegung entschieden werden, ob das Wort oder der Satz voranging, ob verbale oder substantivische Ausdrücke am Anfang standen, welche Funktionen und Intentionen zuerst sprachlichen Ausdruck fanden? Dazu bedarf es fundamentalerer und weitreichenderer Begründungen. In die Vergangenheit vermögen wir nicht zurückzuschauen. Aber bestimmte Möglichkeiten vermögen wir doch zu erwägen oder auch auszuschließen.

Was wir mit Sicherheit im Hinblick auf den heutigen Befund aussagen können, ist dieses: Die Kommunikationsmittel der Tiere sind weitgehend angeboren, das heißt es handelt sich um geschlossene Systeme, die nicht oder nur geringfügig veränderbar sind. Keine menschliche Sprache ist indessen angeboren. Sie muß stets erlernt werden. Es handelt sich dabei stets um offene Systeme, die veränderbar und erweiterbar sind. Angeboren ist lediglich das Vermögen, solche Systeme erlernen und gebrauchen zu können. Angeboren sind die dazu erforderlichen Sprechorgane im Mund, Ansatzrohr und Kehlkopf sowie die entscheidenden Regionen vornehmlich in der linken, für Sprache dominanten Hirnhemisphäre (Broca- und Wernicke-Zentrum in der klassischen Terminologie).[36]

Genau so wie der heutige Säugling sprachlos geboren wird, so müssen wohl auch die frühmenschlichen Lebewesen, die auf dem Wege waren, »sich Sprache zu erfinden«, sprachlos geboren worden sein. Was vorauslag und Bedingung der Möglichkeit von Spracherzeugung war, sind bestimmte physiologische Voraussetzungen: ein hochentwickeltes Gehirn, in dem bestimmte dem Gehörsinn sowie der Kehlkopf- und Mundmotorik zugeordnete Regionen die Artikulation von Lautungen erlauben, welche aufgrund weiterer geistiger Vermögen, die Herder mit »Besonnenheit« und »Reflexion« zu beschreiben suchte, zur Verbindung von Laut und Sinngehalt befähigen. Einmal muß dieser entscheidende Punkt erreicht worden sein, und dieses erste Ereignis muß sich dann immer wiederholt haben. Die Biologie hält für sprunghafte Änderungen im Erbgut den Ausdruck *Mutationen* bereit. Sie sind immer möglich, können aber ebenso in eine negative wie in eine positive Richtung weisen. Hier muß mit Sprüngen ins Positive gerechnet werden. Wie der Sprachursprung aussah, können wir nicht wissen. Was wir aber genau beobachten können, ist, wie ein Kind heute sprachlos geboren wird und eine bestimmte Sprache erlernt. Gewiß ist dies etwas anderes: die Sprache ist bereits vorhanden und braucht nur erworben zu werden. Der Frühmensch aber mußte sie erst gänzlich hervorbringen und aufbauen. Dabei sollte nicht an einen bewußten Erzeugungsprozeß gedacht werden. Vielmehr wird dem Menschen die Sprache gleichsam zugewachsen sein, als »Organ des Gedankens«, wie W. v. Humboldt es ausgedrückt hat.[37] Doch so gewaltig der Unterschied auch ist, in beiden Fällen muß sozusagen bei Null begonnen werden. Auch das Kind muß aus einfachen Ansätzen heraus Sprache erwerben, das heißt in steter Wechselwirkung mit seiner sprechenden Umgebung Schritt für Schritt aufbauen.

Phylogenese und Ontogenese

Und hier ist nun der Punkt erreicht, an dem der Zusammenhang zwischen Menschheitsentwicklung, also Phylogenese, und Entwicklung des heutigen Einzelmenschen, also Ontogenese, bedacht werden muß. Dazu sind die Einsichten der vergleichenden Embryologie heranzuziehen. In dieser interessanten biologischen Disziplin war schon zu Beginn des 19. Jahrhunderts die überraschende Tatsache bekannt, daß die Embryos ganz verschiedener Tierarten in den ersten Tagen und Wochen verblüffend ähnlich aussehen und daß sich erst allmählich in den folgenden Monaten die artspezifischen Formen deutlich herausbilden. Ja, mehr noch als das: die ersten Embryonalstadien zeigen deutlich Formen, die an die Anatomie niederer Tiere erinnern. Auch beim menschlichen Embryo zeigen sich zum Beispiel unterhalb des Kopfes Beugefalten, die an Kiemen erinnern, wenn sie auch hier nie der Atmung dienen, sondern sich bald zu anderen Körperteilen entwickeln. Der menschliche Embryo zeigt überdies zunächst ganz deutlich einen Säugetierschwanz, der sich allmählich zurückbildet, er ist zudem eine Zeitlang mit einem feinen Haarkleid überzogen wie andere Säuger (sogenannte Lanugo-Behaarung), das dann wieder verschwindet. Außerdem wachsen ihm im zweiten Monat die Augenlider zusammen, so daß die Augen geschlossen sind wie bei neugeborenen Katzenjungen, aber im siebten Monat öffnen sie sich wieder.[38] Offensichtlich durchläuft der menschliche Embryo (die ersten zwei Monate) und Fetus (dritter bis neunter Monat) Stadien, die an frühere Stadien der Stammesentwicklung erinnern. Diese Tatsache, die schon dem Biologen und Embryologen Karl Ernst von Baer (1792–1876) wohlbekannt war, veranlaßte den Mediziner und Biologen Ernst Haeckel, einen begeisterten Anhänger Charles Darwins, 1866 dazu, von einem *biogenetischen Grundgesetz*, besser: einer *biogenetischen Grundregel* zu sprechen, wonach in der Ontogenie bzw. Ontogenese in kurzen Zügen die Phylogenese, also die Stammesentwicklung, rekapituliert wird und damit Auskünfte über die Evolution der Lebewesen gibt. Dies ist eine großartige Entdeckung, auch wenn sie nicht ohne Einschränkungen gilt.[39] Die Einwände und die Ausnahmen von dieser Regel sind hier nicht zu erörtern. Haeckel hat sie teilweise schon selbst erkannt und ausdrücklich beschrieben. Besonders der deutsche Embryologe E. Blechschmidt hat Haeckels biogenetisches Grundgesetz als einen der schwerwiegendsten Irrtümer der Biologie bezeichnet.[40]

Er hält die Annahme, der menschliche Embryo zeige aus der Evolution über-kommene Merkmale, für vollkommen verfehlt und betont die Sonderstel-lung der menschlichen Entwicklung von Anfang an. Dabei will er wohl vor allem der verfehlten – und von Haeckel sicher nicht beabsichtigten – Deutung vorbeugen, der menschliche Embryo sei zunächst noch tierisch und werde erst allmählich menschlich. Der Anatom D. Strack weist zwar auch auf Mängel der Annahmen Haeckels hin, betont aber, daß mit seinem »Grundgesetz« ein sehr wertvolles Prinzip zur Deutung von Entwicklungs-prozessen aufgedeckt sei und stellt nach entsprechenden Hinweisen fest: »Die Rekapitulation ontogenetischer Abläufe kommt also zweifellos vor«.[41] Es darf also weiter davon ausgegangen werden, daß die embryonale Entwick-lung deutlich auf die vorausgegangene Stammesentwicklung hinweist. Wohl wissen wir, daß diese Ähnlichkeiten in der Embryonalentwicklung verschie-dener Tierarten nur die äußere Gestalt betreffen. Auf der genetischen Ebene gilt, daß der Bauplan des Menschen wie der aller Tiere mit der Befruchtung festgelegt ist. Aus einer befruchteten menschlichen Eizelle kann nur ein Mensch und nichts anderes entstehen.

Bedenkt man nun weiter, daß der Mensch im Grunde zu früh, das heißt noch relativ unfertig geboren wird, und zwar zu früh geboren werden muß, weil sonst sein vergleichsweise zu großer Kopf den infolge des Aufrechtganges verengten Geburtskanal im weiblichen Becken nicht durchdringen könnte, dann ist daraus zu folgern, daß zumindest das erste Jahr nach der Geburt eigentlich noch der uterinen Phase zuzurechnen ist.[42] Denn in der Tat ist das neugeborene Menschenbaby noch unfertig, weit unfertiger jedenfalls als neugeborene Menschenaffenbabys. Seine Sinne sind noch nicht voll funk-tionsfähig, es kann sich nicht fortbewegen und ist in jeder Hinsicht völlig hilflos.

Dies ist zwar bei manchen blindgeborenen Säugetierarten auch der Fall, aber diese überwinden die Anfangsstadien in einem geradezu rapiden Tempo und erreichen die Reifeformen in kurzer Zeit. Beim Menschen ist vor allem das schon bei der Geburt übergroße Gehirn noch nicht voll einsatzfähig. Zwar scheint die Zahl der Nervenzellen (Neuronen) in einer Größenordnung von zehn bis zwölf Milliarden Zellen mit der Geburt bereits gegeben zu sein, aber das wichtige Verbindungsnetz der Nervenfasern, das sogenannte axodendri-tische Netz mit den Verbindungsstellen der Synapsen, ist noch nicht ausge-bildet. Es entsteht in den ersten Lebensjahren und vervielfacht sich in dieser Zeit.[43]
Bestimmte physiologische Voraussetzungen müssen erfüllt sein, bis der Spracherlernungsprozeß beginnen kann. Was aber geschieht hier genau und wie unterscheidet sich der menschliche Befund von den tierischen? Hier stehen wir noch vor vielen Rätseln.

Ist die Kluft zwischen Tier und Mensch überbrückbar?

Einige Vertreter einer naturwissenschaftlichen Linguistik in der DDR haben in den letzten Jahren versucht, die Kluft zwischen Mensch und Tier auch in sprachlicher Hinsicht zu überbrücken. Sie haben die Lautproduktionen von Menschenaffenbabys mit denen menschlicher Säuglinge verglichen und diejenigen erwachsener Menschenaffen mit den Lautverhältnissen der urtümlichsten Eingeborenensprachen. Dabei konnten einige überraschende Übereinstimmungen festgestellt werden.

Der Ostberliner Biologe Günther Tembrock hat das Signalsystem der Primaten genau untersucht.[44] Seine Tonbandaufnahmen sind zum Teil verblüffend. Zwischen manchen Tier- und Menschenlauten läßt sich kaum ein Unterschied feststellen. Bei diesen Untersuchungen spielen nun die sogenannten *Schnalzlaute*, die bei Menschenaffen ebenso vorkommen wie bei Säuglingen, aber auch in einigen Eingeborenensprachen Schwarzafrikas, eine besonders wichtige Rolle. Hier geht es besonders um das Buschmännische, die Sprache einer sehr archaischen Nomadenpopulation in der Kalahari-Wüste. Diese Sprache ist von dem Polen Roman Stopa eingehend untersucht worden.[45] Stopa stellt fest, daß es sich bei den Buschmännern wahrscheinlich um die altertümlichste Menschenform handelt, die es noch gibt, und zwar eine Form, die sogar noch pongidenähnliche Merkmale aufweisen soll. Sie verfügt über eine Sprache, deren Lautsystem und Grammatik an einer sehr »primitiven«, das heißt ursprünglichen Stufe steht. Hier sind nun bestimmte Schnalzlaute auffällig, die als bedeutungsunterscheidende Laute, also Phoneme, fungieren. Stopa und der Hallenser Mediziner, Anthropologe und Linguist Hans-Joachim Scharf vertreten die Ansicht, daß diese Schnalzlaute mit denen der Menschenaffen übereinstimmen und sozusagen ein *pongides Stratum* in einer Menschensprache repräsentieren.[46] Da alle Menschenbabys in der Lallphase ebenfalls gelegentlich solche Schnalzlaute produzieren, wird auch hier ein Zusammenhang hergestellt. Zwar verschwinden die Babyschnalze bei den meisten Kindern wieder, weil die phonologischen Systeme der Sprachen, die sie erlernen, keine Schnalze besitzen, aber bei den Buschmännern und Hottentotten werden sie ins Lautsystem ihrer Sprachen integriert. Seltsamerweise verwenden wir unbewußt auch als Erwachsene noch Schnalzlaute, wenn wir Kontakt zu Tieren aufnehmen wollen.

Was die Grammatik des Buschmännischen anbetrifft, so soll sie auf einer äußerst elementaren Stufe ohne geregelte Wortfolge und noch ohne vollen Ausbau kategorialer Mittel sein. Ja, Stopa behauptet sogar, fehlende Konjunktionen würden durch Gebärden ergänzt, so daß also eine volle Autonomie der Wortsprache noch nicht erreicht sei. Hier ist Einspruch geboten. Es müßte betont werden, daß es *das* Buschmännische nicht gibt, sondern eine ganze Gruppe zugehöriger San-Sprachen, die heute mit den

Hottentottischen Khoi-Sprachen zur Familie der Khoisansprachen zusammengefaßt werden und zum Teil recht genau beschrieben sind. Der derzeit beste Kenner der Materie, der Kölner Afrikanist Oswin Köhler, hat zwei dieser Sprachen (Kxoe und ! Khung) genau untersucht und einen beträchtlichen Formenreichtum festgestellt. Seine Textproben zeigen auch, daß sie keiner Ergänzung durch Gesten oder Gebärden bedürfen, um völlig verstanden werden zu können. Es handelt sich also durchaus um autonome Wortsprachen.[47] Die Bemühungen um einen Brückenschlag zwischen Tier und Mensch bleiben legitim, aber im Grunde tritt dabei die Kluft zwischen beiden, insonderheit im geistig-sprachlichen Bereich, noch deutlicher hervor.

Der Spracherlernungsprozeß beim Kleinkind

Wenden wir uns nun aber dem Spracherlernungsprozeß bei einem Kleinkind zu. Wie geht dieser genau vor sich? Wie erwirbt das Kind seine Muttersprache, wie lernt es artikulierte, aber zunächst noch sinnfreie Lautungen mit Bedeutung und Sinn zu verknüpfen?

Über den Spracherlernungsprozeß liegt zwar eine recht umfangreiche Fachliteratur vor, aber es zeigt sich, daß gerade die ersten entscheidenden Phasen unzureichend beobachtet und beschrieben sind.[48] Meist haben interessierte Psychologen oder Linguisten ein oder zwei eigene Kinder beobachtet, aber nicht durchgehend und auch nicht systematisch im Hinblick auf die Entstehung der Sprachinhalte. Die meisten Untersuchungen setzen zu spät ein, wenn die wichtigen Anfangsstadien bereits vorüber sind. Diese Umstände haben mich vor ca. zehn Jahren veranlaßt, mich näher mit diesem Problem zu befassen und die Möglichkeit eigener umfassenderer Untersuchungen zu erwägen. Es galt, die Beobachtung möglichst vieler Kleinkinder von der Geburt an zu veranlassen und ein möglichst umfassendes Beobachtungsmaterial zu beschaffen. Dies war ohne die Mitarbeit der Eltern ausgeschlossen. Mit Hilfe der Münsteraner Lokalpresse ist es dann gelungen, 74 Elternpaare zu gewinnen, die bereit waren, in ständigem Kontakt mit Mitarbeitern des Instituts für Allgemeine Sprachwissenschaft der Universität Münster ihre neugeborenen Kinder von Anfang an täglich zu beobachten und das Beobachtete schriftlich festzuhalten. Es zeigte sich dann, daß das Beobachtungsmaterial mit dem zweiten Lebensjahr so sprunghaft anstieg, daß die Eltern mit ihren Notizen kaum noch mitkamen. Wir sahen uns daher genötigt, das Projekt auf die ersten drei Lebensjahre zu begrenzen. Eine Weiterführung über diesen Termin hinaus hätte den Einsatz größerer Mittel erfordert, die nicht zu beschaffen waren. Den Eltern war dies auf freiwilliger Basis nicht mehr zuzumuten. Diese von den Umständen erzwungene Begrenzung ist zwar insofern bedauerlich, als der Spracherlernungsprozeß zumindest bis zur Pubertät weiterverfolgt werden müßte, aber die entscheidend wichtige Grundlegung erfolgt tatsächlich in den ersten drei Jahren, und für die Folgezeit liegen außerdem schon umfangreichere Untersuchungen vor. Unsere Eltern haben ein reiches Beobachtungsmaterial zusammengetragen, das in den darauffolgenden Jahren ausgewertet worden ist. Die Ergebnisse werden noch in diesem Jahr der Öffentlichkeit in Buchform vorgelegt werden. Sie sind zum Teil überraschend und äußerst aufschlußreich.[49]

Einige wichtige Punkte seien hier in aller Kürze mitgeteilt: Zunächst ist zu betonen, daß die ersten kindlichen Lautäußerungen einschließlich des Schreiens, Weinens und Lachens schon in den ersten Lebenswochen durchaus Signalwert für die Bezugspersonen gewinnen und deshalb wichtig für die ersten Sozialkontakte sind. Dies ist Kinderpsychologen und Kinderärzten seit langem bekannt.[50] Die Mutter erkennt sehr bald, und zwar vermutlich aufgrund angeborenen intuitiven Einfühlungsvermögens, was es zu bedeuten hat, wenn ihr Kind schreit oder weint, ob es Hunger, Schmerz oder sonstiges Unbehagen anzeigt. Vom Kinde aus mag es sich um reflexartiges, absichtsloses Verhalten handeln, von den Bezugspersonen her wird diesem aber Sinn zuerkannt. Mit Sprache hat dies noch nichts zu tun. Die Vorstufen des sprachlichen Geschehens setzen mit der sogenannten Lallphase ein, die gewöhnlich mit dem dritten oder vierten Lebensmonat beginnt und bis zum sechsten anhält. In dieser Phase beginnt das Kind absichtslos seine Sprechorgane auszuprobieren und einzuüben. Dies geschieht vornehmlich in Phasen wohliger Entspannung, also zum Beispiel nach den Mahlzeiten in der Ruhelage. Es werden jetzt Laute verschiedenster Art produziert, alles, was ein zahnloser Mund hervorzubringen gestattet, eine Fülle von Lauten und Geräuschen, in denen Vokalisches und Konsonantisches buntgemischt und ungeordnet auftritt. Die Erwachsenen sprechen dann von *lallen, brabbeln, gurgeln, gurren* usw. und bringen damit zum Ausdruck, daß sie mit diesem »Lautsalat« nichts anzufangen wissen.

In dieser Phase treten auch die bereits erwähnten Schnalzlaute auf, schmatzende Geräusche, die sowohl beim Ein- als auch beim Ausatmen in Varianten auftauchen können. In unserer Sprache ist dafür keine Verwendung; sie werden daher auch bald wieder aufgegeben. Die erste Lallperiode neigt sich dann dem Ende zu und wird durch eine Phase abgelöst, die schon näher an die Sprache heranführt. Bald gewinnen die Lautsequenzen Struktur: einfach zu bildende Vokale wie *a* und leicht produzierbare Konsonanten wie *b, p, d, t, m* und *n* verbinden sich zu silbischen Lautketten vom Typ *mamama, nanana, bababa, papapa, dadada, tatata* u. ä. Dies sind schon Lautfolgen, die auch das Interesse der Erwachsenen erregen. Das gilt aber auch schon für konsonantische Ketten wie *brrrr, rrrr, ssss, schschsch* u. ä.[51] Hört die Mutter plötzlich etwas wie *mamama*, fühlt sie sich unmittelbar angesprochen und meint, das

Kind habe *mama* gesagt. Ihre Reaktion zeigt dem Kind, daß diese Lautung appellative Funktion für sie hat, also die Mutter herbeiruft. So kommt es bald dazu, daß *mama* ein Lautmittel wird, daß erwünschte Reaktionen auslöst und sich mit der Person der Mutter oder auch mit der Nahrung, die sie bietet, verbindet. Auf diese Weise zieht die spontane Lautung Sinn auf sich, diesen aber bestimmen die erwachsenen Bezugspersonen. Bei uns wird *mama* zur Bezeichnung der Mutter, während *mamam* für ›essen‹ nur für kurze Zeit akzeptiert wird. Aber *mama* kann auch andere Inhalte gewinnen, wenn die Sprachgemeinschaft es so will. So bedeutet *mamar* (hier mit Verbendung) im Spanischen ›stillen, säugen‹, *mama* im Japanischen ›essen‹, aber im Georgischen bedeutet es sogar ›Vater‹, während die Mutter mit *deda* bezeichnet wird.[52] Wichtig ist, daß darüber hinaus *mama* ›Mutter‹ auch noch je nach Situation mit verschiedener Betonung bestimmte Aussagewerte gewinnen kann. So kann ein heftiges *mama!!* als Aufforderung und Befehl an die Mutter, zu kommen, gemeint und verstanden werden, ein *mama?* die Frage ›Wo bist du?‹ ausdrücken, ein entspannt ausgesprochenes *mama* die Feststellung ›Da ist sie!‹ meinen oder mit schmeichelnder Betonung eine kosende Bedeutung annehmen usw. Mit anderen Worten: die neue Bezeichnung kann bereits in Satzfunktion auftreten, also prädikativen Charakter gewinnen. Weil *mama* zunächst multifunktional ist, kann man es mit René A. Spitz als *Globalwort* bezeichnen[53], das kategorial und funktional noch nicht festgelegt ist, womit das Kind folglich vieles ausdrücken und erreichen kann. Solche Globalworte stehen vielfach am Beginn der Entwicklung. Sie machen die alte Streitfrage, ob das Wort oder der Satz am Anfang der Sprachentwicklung steht, gegenstandslos: Das Globalwort umfaßt beides. Daß Globalworte auch viele Gegenstände zusammenfassen können, liegt nahe.

Ein Kind, das zum Beispiel die Lautung *brrr* als Nachahmung von Motorengeräusch gebraucht, kann damit gleichermaßen auf Autos, Kraftfahrzeuge jeder Art, aber auch auf Flugzeuge verweisen. Da es noch keine unterscheidenden Bezeichnungen hat, versucht es, mit der einen möglichst weit zu kommen, und das ist sehr begreiflich. Nun ist sofort hinzuzufügen, daß auch die Erwachsenen dem Kinde ähnliche einfache Lautungen anbieten, um sein wachsendes Sprachinteresse zu fördern und zu befriedigen. Lautungen wie *wauwau* für Hunde und ihr Gebell, *miau* für Katzen und ihren arteigentümlichen Laut, *tiktak* für die Geräusche von Uhren, sind Beispiele hierfür. Kinder erfinden diese Lautungen nicht spontan. Der Beweis dafür wird dadurch geliefert, daß solche Tierlaute und Geräusche in verschiedenen Sprachen auch verschieden ausgedrückt werden, also spracheigentümlich und nicht universal sind.

Zweierlei Wege der weiteren Entwicklung sind nun möglich, sie werden beide genutzt: Einmal kann sich eine Lautung fest mit einem bestimmten Objekt verbinden und zu dessen Eigenname verengt werden, zum anderen kann eine Lautung zunächst vieles, für das Kind Ähnliches zusammengreifen, also Wortcharakter gewinnen. Der erste Zusammengriff wird so lange beibehalten, bis sich die Notwendigkeit zu weiterer Differenzierung ergibt. Neu hinzukommende Lautungen schränken die Bedeutungen der ersten Bezeichnungen ein, es kommt zu einem wachsenden Differenzierungsprozeß mit dem Ziel, allmählich die Begriffsgliederungen der Muttersprache zu erwerben. Diesem Ziel dienen – unbewußt – alle Bemühungen des Kindes und seiner sprechenden Umgebung. *Wauwau* kann nun durch das normsprachige Wort *Hund* abgelöst werden. Jetzt bleibt *wauwau* noch für den Tierlaut: der Hund macht jetzt *wauwau*, und zwar so lange, bis gelernt ist, daß – im Deutschen – der Hund *bellt*. Oder verfolgen wir den Weg von *mama*. *Mama* kann zur Bezeichnung der eigenen Mutter werden und so namenartigen Charakter gewinnen. *Mama* kann auch durch *Mutter* abgelöst und ergänzt werden, denn auch andere Kinder haben Mütter. Die eigene Mama kann dann zum Beispiel als *lieb* charakterisiert werden. Die erste Prädikation lautet schlicht: *Mama lieb*. Später tritt die bei uns erforderliche Kopula *ist* hinzu, es heißt jetzt also: *Mama ist lieb*. Daraufhin kann das *lieb* auch attributiv nach vorne rücken; es erfordert dann eine Endung und ergibt *liebe Mama*, was zum Beispiel als Anrede geeignet ist. Die liebe Mama kann nun zum Ausgangspunkt weiterer Aussagen werden: *Die liebe Mama schläft* zum Beispiel. Und schon haben wir einen einfachen Aussagesatz mit typischer Subjekt-Prädikat-Struktur. So entwickeln und entfalten sich die elementaren Satzgestalten in leicht nachvollziehbaren Bahnen. Die Grundkategorien Substantiv, Verb und Adjektiv ergeben sich dabei aus der Eigenart und dem Erleben sinnlich wahrnehmbarer Gegenständlichkeit, man könnte sagen: sozusagen von selbst. Freilich muß gleich hinzugefügt werden: bei uns. In anderen Sprachen sieht es im einzelnen zwar anders aus (es können die grammatisch-formalen Kennzeichen fehlen, wie zum Beispiel im Chinesischen), aber die Ausgangsbasis ist doch universeller Art.

So haben wir in knappen Zügen skizziert, wie Sprache im Kinde aufgebaut wird und wie sich sein angeborenes Sprachvermögen einzelsprachlich entfaltet und konkretisiert. Ähnlich könnte man sich wohl auch die Entwicklung der Ursprache des Homo sapiens vorstellen.

Mögliche Hypothesen über die Ursprache des Homo sapiens

Und damit sind wir bei der letzten wichtigen Frage angelangt: Wie mag der phylogenetische Sprachursprung ausgesehen haben? Daß Lautungen Signalfunktion haben, das gibt es zweifellos auch beim Tier. Von Sprache braucht dabei noch keine Rede zu sein. Ob aber tierische Lautungen auch Bezeichnungsfunktion gewinnen können, ist weit weniger sicher. Ausschließen wollen wir es nicht. Sprache beginnt erst, wenn Lautungen bestimmte Sinngehalte auf sich ziehen und konkrete Bezeichnungskraft gewinnen. Sprache im Vollsinn ist erst da, wenn es gelingt, den artikulierten Laut zum Ausdruck des Gedankens fähig zu machen, wie Wilhelm von Humboldt es ausgedrückt hat.[54]

Derartiges aber scheint der menschlichen Sprache vorbehalten zu sein. Wenn es dem Frühmensch einmal – und zunächst vielleicht rein zufällig – gelang, eine spontan geäußerte, aber doch schon deutlich geformte Lautung mit bestimmten Gegenständen und Situationen so zu verknüpfen, daß dieses erste Sprachereignis für den, der es produzierte, und für die, die es hörten, einen signifikanten Sinngehalt gewann, war der entscheidende erste Schritt getan. Herders Lamm-Beispiel, so anfechtbar es im einzelnen auch sein mag, hatte darin einen richtigen Kern. War erst einmal eine solche erste Laut-Sinn-Verknüpfung angebahnt, konnte sie durch Wiederholung Festigkeit gewinnen, im Gedächtnis bewahrt und bei passender Gelegenheit reproduziert werden. Erfolg und praktischer Nutzen solcher Verlautbarungen für den Einzelnen und für die Bezugsgemeinschaft konnte dann zur Bildung weiterer Lautungen mit Zeichencharakter und Aussagefunktion führen. Eine kategoriale Prägung war zunächst nicht erfordert, sie muß sich aber zwangsläufig angebahnt und ergeben haben, als sich das Sprachgut mehrte und als die verschiedenen Funktionen, die zunächst in den ersten Globalworten noch wie in einer Nußschale vereint waren, zur lautlichen Ausdifferenzierung drängten. Wie dies geschah, wird kaum zu entscheiden sein. Daß es aber geschehen sein muß, scheint mir denknotwendig zu sein. Die jetzt eintretende Entwicklung ist mit organischen Wachstumsprozessen zu vergleichen. Die Sprache ist sicher nicht eigentlich »erfunden« oder »gemacht« worden, sondern sie hat sich aus der Menschennatur heraus ergeben.

Ähnlich drückt es auch Humboldt aus. Er war der Ansicht, daß die Sprache sich nicht »erfinden« ließe, »wenn nicht ihr Typus schon in dem menschlichen Verstande vorhanden wäre«. Die »Erfindung« konnte, so sagt er, »nur mit Einem Schlage geschehen« und fügt den bekannten Satz hinzu: »Der Mensch ist nur Mensch durch Sprache; um aber die Sprache zu erfinden, müsste er schon Mensch seyn«. Mit diesem Satz scheint die Ursprungsfrage zwar gänzlich abgeschnitten zu sein, aber Humboldt möchte im Grunde wohl eher von der »Erfindung« als einer unangemessenen Redeweise wegkommen. Auch er denkt sich »die Sprache nicht als etwas fertig Gegebenes« und erläutert dies mit den Worten:

Sie geht nothwendig aus ihm selbst hervor, und gewiss auch nur nach und nach, aber so, dass ihr Organismus nicht zwar, als eine todte Masse, im Dunkel der Seele liegt, aber als Gesetz die Functionen der Denkkraft bedingt, und mithin das erste Wort schon die ganze Sprache antönt und voraussetzt. Wenn sich daher dasjenige, wovon es eigentlich nichts Gleiches im ganzen Gebiet des Denkbaren giebt, mit etwas andrem vergleichen lässt, so kann man an den Naturinstinct der Thiere erinnern, und die Sprache einen intellectuellen der Vernunft nennen.[55]

Kurz darauf bezeichnet er die Sprache selbst als »Product der Natur, aber der Natur der menschlichen Vernunft.« Mit diesen Gedanken ist auch ein Brückenschlag zu dem möglich, was über die ersten Globalworte ausgeführt wurde: Sie können bereits für vieles stehen und alle wichtigen Sprachfunktionen erfüllen. Sie sind polysemantisch und multifunktional, mit ihnen ist Wort und Satz, also die ganze Sprache bereits *in nuce* gegeben.

Die Anfänge müssen einfach und elementar gewesen sein. Wie sie sich vollzogen haben könnten, mag durch die Beobachtung des Prozesses der Spracherlernung kleiner Kinder ein wenig erhellt werden. Wir haben diese ersten Schritte bereits angedeutet. Der Begriffsbildungsprozeß verdient dabei noch besondere Bedeutung. Bei den Kindern waren da zum Beispiel folgende Schritte feststellbar.

Mit einer Lautung wie *wauwau* wurden zunächst alle vierbeinigen Tiere in der Natur, im Bilderbuch und in Gestalt von Spielzeugen erfaßt. Nach dem pars-pro-toto-Prinzip mußte ein Globalwort für vieles stehen. Kam dann aber eine Lautung wie *hottehotte* (für Pferde) oder *muhmuh* (für Kühe) hinzu, konnten die großen Vierbeiner von den kleineren getrennt werden. *Wauwau* blieb dann für die Kleinen, aber auch diese drängten nach weiterer Unterscheidung. *Miau* spaltete dann die Katzenartigen ab (auch den klein abgebildeten Löwen im Bilderbuch zum Beispiel) und so ergab sich mit dem Hinzugewinnen von *piepiep* für alles, was fliegt, und *fisch* o. ä. für alles, was im Wasser lebt, dann allmählich eine einfache sprachliche Gliederung, mit der die Tierwelt erfaßt werden konnte. Bemerkenswert ist in diesem Zusammenhang, daß auch in Luthers Bibelübersetzung eine elementare Aufteilung des Tierreichs in vier Gruppen sichtbar wird. Wichtig ist, daß sich dabei auch von selbst bestimmte Begriffsordnungen mit Ober- und Unterbegriffen ergaben, also das, was wir eine Begriffspyramide nennen. Sie wird also bereits mit dem Spracherlernungsprozeß angelegt. Werden nun Begriffe verschiedener Rangordnung in Sätzen verbunden, so ergeben sich logische Relationen wie Identität, Element-Klassen-Relationen usw. ohne besondere Absicht. Mit anderen Worten: Auch das, was wir Logik im weiteren Sinne nennen, wird im Spracherlernungsprozeß angelegt und aufgebaut. Sind die ersten Schritte erst einmal getan, ergibt sich das folgende mit einer inneren Notwendigkeit. Die Sprache wird zu einem sozialen Objektivgebilde (A. Vierkandt), das seine eigene Dynamik entfaltet.

Soweit Paralleluntersuchungen in anderen Sprachen vorliegen, ergibt sich ein vergleichbares Bild. Allerdings richtet sich das, was jeweils angebahnt und entfaltet werden kann, in zunehmendem Maße nach den speziellen Strukturen des jeweiligen Sprachsystems. Universelle Grundtendenzen kreuzen sich dabei auf verschiedene Weise mit einzelsprachlichen Gegebenheiten. Überall wird vom Kinde die Erfahrungswelt am Leitseil der Muttersprache erfaßt, überall rankt sich auch das wachsende Denkvermögen an der Sprache hoch und treibt diese selbst voran.

Der Zusammenhang von Sprache und Denken

Die Frage, ob das Denken oder die Sprache in diesem Prozeß vorangeht, läßt sich nur beantworten, wenn Klarheit darüber erzielt ist, was »denken« ist und wie beim Menschen Sprache und Denken zusammenhängen. Ich habe bereits in früheren Untersuchungen zu diesem Thema die Minimalforderung aufgestellt, daß von Denken dann die Rede sein darf, wenn ein Lebewesen in der Lage ist, Erfahrungsdaten zu behalten und so miteinander zu verknüpfen, daß einfache Problemlösungen möglich werden.[56] Eine Spinne, die kraft angeborenen Vermögens ein »fliegenartiges« Netz zu spinnen vermag, in dem sich Fliegen fangen, von deren Existenz die Spinne zumindest beim ersten Mal noch gar keine Ahnung haben konnte, denkt mit Sicherheit nicht, aber ein Schimpanse, der drei Kisten aufeinandertürmt und zwei Stöcke ineinandersteckt, um mit diesen Hilfsmitteln eine sonst unerreichbare Banane zu ergattern, denkt ebenso gewiß.

Die höheren Tiere können denken, und diese Denkfähigkeit läßt sich sogar noch durch ein geeignetes Training steigern und zu unerwarteten Leistungen bringen. Das zeigen die amerikanischen Versuchsreihen mit Menschenaffen, besonders mit Schimpansen, bei denen es gelang, den Tieren bestimmte Verständigungssysteme beizubringen, die sie zur Kommunikation mit Menschen, ja sogar teilweise auch zur Kommunikation mit ebenso trainierten Artgenossen einsetzen konnten.

Die Stars dieser Versuchsreihen sind international bekannt geworden: Das Forscherehepaar Gardner brachte der Schimpansin *Washoe* eine für sie erdachte einfache Variante der Zeichensprache für Gehörlose (American Sign Language = ASL) bei, die Premacks lehrten die Schimpansin *Sarah*, mit Hilfe verschiedener Plastikzeichen auf einer Magnettafel sinnvolle Zeichenfolgen zusammenzustellen und ermöglichten ihr auf diese Weise, mit ihnen zu kommunizieren. Und die Forscher Rumbaugh, v. Glasersfeld und Gill konstruierten für die Schimpansin *Lana* einen Automaten, bei dem einzelne Tasten Zeichenfunktion erhielten und, in bestimmter Reihenfolge gedrückt, bestimmte Wünsche und Bedürfnisse des Tieres erfüllen konnten. Was hier und in anderen Versuchsreihen erreicht worden ist, übertraf die kühnsten Erwartungen der Fachwelt, auch wenn manche überzogene Erfolgsmeldungen berechtigte Kritik hervorriefen. Dabei wurde ebenso gewürdigt, was tatsächlich erreicht worden war, als auch gezeigt, und das ist noch wichtiger, was nicht erreicht wurde und auch nicht zu erreichen ist.

Sicher haben die Menschenaffen kein Englisch erlernt, wie es den Berichten zufolge manchmal den Anschein erweckt. Was erlernt wurde, ist auch keine Sprache im eigentlichen Sinne, vielmehr handelt es sich stets um von Menschen erdachte Sprach*derivate*, die den gedanklichen Möglichkeiten der Tiere entsprachen. Dabei wurden zwar sprachähnliche Leistungen erzielt, aber die Wesensmerkmale der menschlichen Sprache nicht erreicht. Unerreicht blieb zum Beispiel die Überwindung der Raum-Zeitgrenzen, die ein wichtiges Kennzeichen der Sprache ist. Ferner blieben die Abstraktionsmöglichkeiten auf die einfachsten Stufen begrenzt. Begriffsbildung war nur in Ansätzen dort möglich, wo elementare Lebensinteressen der Tiere berührt wurden. Jedes gedankliche Überschreiten der normalen Sprachebene, logisch gesprochen, der Objektsprache, war nicht möglich. Es konnte nicht mit Zeichen über Zeichen reflektiert, also kein metasprachlicher Gebrauch von Zeichen gemacht werden. Dies alles war und wird ausgeschlossen bleiben, weil die Gehirne der Tiere die dazu erforderliche Entwicklungshöhe (noch) nicht erreicht haben. Bedenkt man, daß die Großhirnrinde des Menschen allein mehr wiegt als ein ausgewachsenes Schimpansengehirn und daß die Hirnregionen, die für die Speicherung und das Funktionieren von Sprache beim Menschen zur Verfügung stehen, bei den Menschenaffen nur rudimentär angelegt sind, dann wird schlagartig klar, wo die entscheidenden Grenzen liegen.

Weil das Tier keine echte Sprache entwickeln kann, gelangt sein Denkvermögen auch nicht über bestimmte Grenzen hinaus. Der Mensch hingegen hat sein Denkvermögen, das er mit den Tieren teilte, durch die hinzukommende Sprache derartig gesteigert, daß eine Trennung zwischen ihm und den nächsten Verwandten im Tierreich hat entstehen können, die nur als eine Kluft charakterisiert werden kann.

Denkvermögen ist, wie gesagt, bereits höheren Tieren, also auch den Vorläufern des Menschen, zuzuerkennen. Insofern also geht phylogenetisch das Denken der Sprache voraus. Aber dies bedarf sofort einer wesentlichen Ergänzung: Beim Menschen entwickeln sich Sprache und Denken nämlich gleichzeitig, und beide Fähigkeiten ergänzen und steigern sich wechselseitig. Dies geschieht vom Säuglingsalter an, und daher ist es angesichts dieser Symbiose von Sprache und Denken nicht mehr möglich, das eine vom anderen sauber zu trennen. Alle Behauptungen des Gegenteils erweisen sich bei näherer Untersuchung als nicht stichhaltig. Oft ist die Schwachstelle entsprechender Argumente schnell freizulegen. Zu leicht wird Sprache mit Sprechen verwechselt und aus Nichtverlautbarung auf Fehlen von Sprachbeteiligung geschlossen. Weder das Beispiel von Gehörlosen noch der Hinweis auf sogenannte sprachfreie Tests, die sich in Wahrheit als sprechfreie Tests erweisen, kann die Sprachfreiheit menschlichen Denkens beweisen. Wirklich sprachfreie Menschen, wozu einige Fälle wild aufgewachsener Kinder zu rechnen wären, sind auch auf einer tierischen Stufe stehengeblieben, ja sie haben sogar den Aufrechtgang nicht richtig erlernt.[57]

Die menschliche Sprache bleibt also eine Bedingung der Möglichkeit für die Erreichung menschlichen Denkniveaus und damit verbundener Erkenntnis. Ohne Sprache keine Kultur, keine Philosophie, keine Wissenschaft und keine Kunst. Ohne Sprache auch keine Politik, keine Technik und keine Wirtschaft. Dies darf als ein Fazit dieser Überlegungen festgehalten werden. Die allgemeine und vergleichende Sprachwissenschaft liefert dafür alle wünschenswerten Beweise.

Freilich bleibt für die Wissenschaften vom Menschen noch viel zu tun. Eine wichtige Aufgabe bestände zum Beispiel darin, die sprachvergleichenden Rekonstruktionsbemühungen unter Berücksichtigung biologischer und anthropologischer Zusammenhänge noch zu intensivieren, um noch weiter in die Vergangenheit vorzustoßen. Die indoeuropäische Sprachwissenschaft erreicht eine Zeittiefe bis zu 3000 Jahren vor Christus, wobei einschränkend zu bemerken ist, daß die postulierte Grundsprache keineswegs aus sogenannten rekonstruierten Wurzeln bestanden haben kann. Einige sowjetische Forscher (Dolgopolski, Illič-Svituč) sind durch sprachfamilienübergreifende Rekonstruktionen bis zu einer hypothetischen sehr frühen nördlichen alteuropäischen Sprachschicht gelangt, die sie »boreisch« nennen und die bis in die Jungsteinzeit (Neolithicum) zurückreichen soll, also bis zu 5000 Jahren vor unserer Zeitrechnung.[58] Bedenkt man, daß die sicher belegten Cro-Magnon-Menschen um ca. 40−35.000 Jahren vor Christus angesetzt werden, bliebe aber immer noch ein Zeitraum von ca. 35−30.000 Jahren unüberbrückt. Es bleibt also ein weites Feld der Rekonstruktionsbemühungen und der Spekulation, aber bei aller Skepsis gegenüber den Hypothesen, die besonnene Forscher wie J.-H. Scharf in dieser Richtung bereits vorgeschlagen haben, bleibt es doch lohnend und des Fleißes der Tüchtigsten wert, diesem Ziel doch noch etwas näherzukommen.

Ausblick

Woher wir kommen, wissen wir, zwar nicht genau, aber doch in groben Linien. Wie wir zu Sprachwesen wurden, darüber lassen sich vorläufig nur Hypothesen vortragen. Daß es aber die Sprache war, die uns zu dem gemacht hat, was wir sind, ist sicher.

Bleibt zu fragen, wohin der Weg führt. Die Prognosen sind nicht ermutigend. Die Menschwerdung liegt nur wenige Jahrmillionen zurück. Nach dem Durchschreiten des Tier-Mensch-Übergangsfeldes ging es immer schneller voran. Gestern sozusagen standen wir noch in der Steinzeit, heute schon haben wir uns die Erde völlig untertan gemacht. Was als langsame Evolution begann, ist zu einem rasenden Prozeß mit Schneeballeffekt geworden.

Wie aber sieht unsere Zukunft aus? Bernhard Rensch, der Nestor der deutschen Zoologie, meint, die körperliche Evolution des Menschen sei weitgehend beendet, das heißt er habe sich optimal an die terrestrischen Lebensbedingungen angepaßt.[59] Die Leistungsfähigkeit des Zentralnervensystems ist aber noch keineswegs voll ausgeschöpft. Was daraus wird, scheint weitgehend in unsere Hand gelegt. Wie aber nutzen wir die hier noch schlummernden Möglichkeiten?

Bei nüchterner Beurteilung der Lage kann die Antwort nicht optimistisch ausfallen. Was die technisch-szientifische Seite unserer Verstandeskräfte anbetrifft, so brauchen wir uns nicht zu beklagen. Im Gegenteil! Der Fortschritt rast uns geradezu davon. Nach der industriellen Revolution des 19. Jahrhunderts, die den Sieg der Maschine über die Handarbeit brachte, stehen wir mitten in der zweiten technischen Revolution, die den Sieg des Computers über die Maschine bringen und das gesamte Sozialgefüge der Gesellschaft völlig verändern wird. Mit atemraubender Geschwindigkeit wird die Erde umgewandelt. Wenn es in diesem Tempo weitergeht, wird sie schon bald total atomkraftbetrieben, computergesteuert, satellitenbestrahlt, verkabelt, klimatisiert und zubetoniert sein. Schon heute wird uns in Aussicht gestellt, daß ein künstliches Computersuperhirn mit übermenschlicher Intelligenz die für das Überleben der Menschheit notwendigen Entscheidungen treffen wird. Eine fürwahr wahnwitzige Vorstellung.

Der Fortschritt zeigt zudem eine Vorliebe fürs Überflüssige. Zwölf Fernsehkanäle werden schon gefordert, um uns dieses Überflüssige aufzuschwätzen. Überproduktion auf der einen Seite, wachsende Armut auf der anderen. Ausbeutung der Erde, Zerstörung der Natur, unaufhaltsames Vordringen einer universalen Einheitszivilisation, die die Vielfalt der gewachsenen Kulturen langsam, aber sicher auslöschen wird. Eine Mischung aus Orwells »1984« und Huxleys »Brave New World«. Hypertrophie des Intellekts bei embryonaler Entwicklung von Vernunft, Ethik und Moral. Auf der Strecke bleibt, was den Menschen eigentlich zum Menschen macht: das Sprachwesen, dessen Vernunft ihn zur Einsicht in die Verantwortung für das Ganze befähigen könnte.

Was tun nun die Politiker, die Mächtigen der Erde, in dieser Lage? Sie fördern den Prozeß, anstatt ihm Einhalt zu gebieten. Sie glauben, den bedrohten Weltfrieden durch ein Gleichgewicht des Schreckens retten zu können, und sind nicht in der Lage, Armut und Hunger wirksam zu bekämpfen. Zu viele »Wirklinge«, zu wenig »Merklinge«. Betriebsamkeit, aber zu oft in der falschen Richtung. Goethes Mahnung gilt auch hier: Es ist nichts schrecklicher als eine tätige Unwissenheit.[60]

Was vermögen die Religionen, was tun die Kirchen? Der Islam zerfleischt sich in mittelalterlichen Religionskriegen. Das Christentum zeigt ein zwiespältiges Bild. Der Papst der katholischen Weltkirche reist in die überbevölkertsten Weltgegenden und wendet sich gegen jede Geburtenbeschränkung. Daß er die Abtreibungen verdammt, ist begreiflich, aber daß er auch die Geburtenkontrolle ablehnt, ist ethisch falsch, auch wenn es noch so gut gemeint ist. Die anderen Konfessionen sprechen nicht mit einer Stimme. Viele vertrauen doch lieber der Macht der Waffen als den Ratschlüssen Gottes. Zu wenige Albert Schweitzer, zu wenige Mütter Teresa. Aber auch Lichtblicke! So die gemeinsame Friedenserklärung der evangelischen Kirchen der beiden deutschen Staaten aus Anlaß des 40. Jahrestages des Kriegsendes.

Im Kampf um den richtigen Weg wird die Sprache immer wieder sträflich mißbraucht. Jeder nutzt sie für seine Zwecke und beschleunigt den Wärmeverlust der Sprache, wie es K. W. Marek (alias C. W. Ceram) einmal ausgedrückt hat, die Entropie der Wertbegriffe.[61] Wenn die Menschen aber die Begriffe und die Wertordnungen nicht wieder in Ordnung bringen, wie es schon Konfuzius gefordert hatte, dann kann die menschliche Vernunft nicht siegen.

Hans-Georg Gadamer

Grenzen der Sprache

Über die Sprache und ihre Grenzen nachzudenken, das ist ein Angebot, das für mich so unwiderstehlich ist, wie es für Sokrates war, wenn ihm von einem vielversprechenden jungen Mann berichtet wurde, mit dem zu reden es sich lohnen würde. So geht es mir, wenn von dem »Knochen Sprache« die Rede ist, an dem Hamann sein Leben lang gekaut hat und den er nicht losließ, auch wenn kein Fetzen Fleisch mehr von dem Knochen lösbar scheint. Während freilich die Wissenschaften, die auf Erfahrung aus sind, Farbiges und Reizvolles über die Sprache berichten können, hat es das besondere Grau der Philosophie an sich, nur begriffliche Klärungen vorschlagen zu dürfen. Indirekt mag dann auch die wissenschaftliche Erforschung der Sprache und ihrer Grenzen etwas gewinnen. Wieweit die Evolutionstheorie dabei eine Rolle spielt, wird im folgenden nicht ganz außer Beantwortung bleiben.

Es besteht wohl kein Zweifel, daß Sprache als Kommunikationsform gesehen werden muß. Das bedeutet, daß ein weiter Begriff von Sprache neben einem engeren zu stehen kommt. Sprache meint im weiteren Sinne alle Kommunikation, beim Menschen also auch alle Gestik, und sie umfaßt vor allem auch die sogenannten Tiersprachen. Dabei ist es mir besonders wichtig, eine Zwischenform zu beachten, die ohne Zweifel eine Kommunikationsform von eigenem Typus ist. Ich meine die Sprache mit Tieren, die der Mensch vollzieht und die bei gewissen domestizierten Tierarten offenkundig verstanden wird. Im Zentrum meiner Überlegungen wird aber selbstverständlich die Wortsprache stehen.

Bereits eingangs möchte ich eine Bemerkung machen, die in gewissem Sinn schon darauf hinweist, daß Sprache ihre Grenzen hat. Ich meine den Zusammenhang zwischen Sprache und Schriftlichkeit. Es muß natürlich nicht Buchstabenschrift sein, es kann auch Silbenschrift sein, es kann auch Bilderschrift sein, aber daß es überhaupt möglich ist, Sprache in Schrift zu übertragen oder der Sprache etwas durch Schrift »vorzuschreiben«, weist auf eine Art Selbst-Einschränkung hin, die dem sprachlichen Ausdruck' unseres Denkens auferlegt ist. Wir haben es im Gespräch mit unserem Gegenüber zu tun, das mit mir der gleichen Sprachgemeinschaft angehört und mich mit sich verbindet.

Um sich der Universalität des Problems der Sprache in ihrer ganzen Bedeutung bewußt werden zu können, möchte ich, wie auch öfters, auf Aristoteles zurückgehen. Bei allem Respekt vor Leuten wie Herder oder Rousseau, die über den Ursprung der Sprache Rede gestanden haben, meine ich doch, sie haben am Ende alle Aristoteles nicht gut genug gelesen. Ich denke als erstes an die berühmte Wendung des Aristoteles über den Vorzug des Sehens. Am Anfang der »Metaphysik« heißt es da, daß das Sehen der erste und wichtigste unserer Sinne ist, weil es die meisten Unterschiede offenbar macht. An anderer Stelle spricht aber Aristoteles dem Hören den Vorzug zu. In der Tat: unser Hören kann auf die Sprache hören, und damit kann es nicht nur die meisten Unterschiede offenbar machen, sondern alle möglichen Unterschiede überhaupt. Die Universalität des Hörens ist ein Hinweis auf die Universalität der Sprache. Sie hat ihre besondere Bedeutung gerade auch für die Auseinandersetzung wissenschaftlicher Art, die ich zum Beispiel mit der Frankfurter Schule, mit Habermas und anderen gehabt habe und wo es um die Frage geht, ob es nicht neben der Sprache noch andere fundamentale Auszeichnungen der menschlichen Existenz sind, die ihr Schicksal bestimmen. Offenbar wird dabei nicht die volle Potentialität des Sprachvermögens in Rechnung gestellt, die es mit dem, was man Vernunft nennt, gleich weit reichen läßt.

Die zentrale Stelle, die wir bei Aristoteles über die Universalität der Sprache lesen und die in außerordentlich perspektivenreicher Weite dazu Stellung nimmt, ist die berühmte Definition des Menschen im Zusammenhang der aristotelischen Politik. Da ist es bekanntlich so, daß der Mensch das vernünftige Lebewesen, das *animal rationale* genannt wird. So lernte man es auch im philosophischen Unterricht und ich erinnere mich, wie ich dreiundzwanzig Jahre war und zum ersten Male durch Heidegger die Augen dafür geöffnet bekam, daß es außerordentlich irreführend ist, an der Aristoteles-Stelle *Logos* mit »rationale« zu übersetzen, den Menschen als das Vernunftswesen zu definieren. Der Zusammenhang der Stelle ist ganz eindeutig. Es ist davon die Rede, daß die Natur bei den Vögeln soweit gekommen ist, daß sie sich mit Signalzeichen gegenseitig Gefahr oder auch Futter anzeigen. Beim Menschen dagegen sei die Natur einen Schritt weiter gegangen. Sie habe ihm den *Logos* gegeben, das heißt die Möglichkeit, etwas zu zeigen. Die Rede kann etwas vorstellen, vor uns stellen, wie es ist, auch wenn es nicht gegenwärtig ist. Dann aber fährt dieser bedeutende Satz des Aristoteles fort, daß damit die Natur uns den Sinn für das Zuträgliche gegeben hat und für das Gerechte. Auch wenn wir uns bewußt sind, daß die Stelle im Zusammenhang der aristotelischen Vorlesungen über die Politik steht, ist es doch im ersten Augenblick rätselhaft, wie das alles zusammenhängt, und wir werden es genauer bedenken müssen.

Zunächst steckt darin — wie auch der Text andeutet — der Sinn für Zeit. Es ist überzeugend und im griechischen Wort für das Zuträgliche, *Symferon*, ganz deutlich, daß man etwas nicht, weil es einem selber im Augenblick gefällt, wählen kann, sondern gerade auch, weil es etwas für die Zukunft verspricht. Das ist die Art, wie wir Mittel wählen, z. B. eine schlecht schmeckende Medizin, wenn wir gesund zu werden hoffen. Aber was ist nicht schon alles darin gelegen, daß wir Mittel wählen. Hier werden Vorzüge und Nachteile gegeneinander abgewogen. Darin ist schon Distanz vorausgesetzt. Man muß sich vorstellen, was im einen, was im anderen Falle daraus folgt und kann entsprechend das, was man so vor sich stellt, auch anderen in solcher Weise mitteilen.

In gewisser Weise ist dieses Zeugnis auch ein Zeugnis für die Evolutionstheorie. Es steht geradezu da: »die Natur ist so weit gekommen −, bei den Vögeln, bei den Menschen«. Es ist freilich weit mehr als eine Evolutionstheorie, sofern dieses Gegenwärtighaben, das uns die Sprache gewährt, von Aristoteles als die letzte Perfektion der Entwicklung des Lebendigen durch die Natur gesehen ist. Das drückt sich nicht zuletzt in der Theologie des Aristoteles aus, in jenem Begriffe des Göttlichen, den Aristoteles von der Selbstvergegenwärtigung aus beschreibt, die im Denken als seine besondere Möglichkeit gegeben ist.

Hier hat die moderne Evolutionstheorie doch wohl eine völlig andere Perspektive. Gerade die Evolutionstheorie darf das nicht vergessen, wenn sie jetzt versucht, eine Erkenntnistheorie auf ihrer eigenen Voraussetzung aufzubauen und damit erkenntnistheoretische Fragen in einem neuen Lichte zu sehen. Wenn die Evolutionstheorie konsequent ist, dann muß sie sich der Folgerung stellen, daß die Entwicklung unseres Gehirns und damit die Erkenntnis- und Handlungsfähigkeiten der menschlichen Rasse in Anpassung an die Lebensbedingungen unserer Erde geschaffen hat, die in der Tat in Gestalt des Wissens und der Wissenschaft ungeheure Erfolge gezeitigt haben. Aber gerade dann kann es auch nicht als unmöglich angesehen werden, daß die Unspezialisierung, die die Auszeichnung des Lebewesens Mensch sein soll und ihm seine einzigartige Anpassungsfähigkeit an die Lebensbedingungen auf der Erde verliehen hat, selber eine Spezialisierung ist, die es in eine Sackgasse führt. Sie könnte dazu führen, daß wir uns vor lauter Verstand umzubringen lernen und am Ende vielleicht einer neuen Spezies, vielleicht den Delphinen oder irgend einem anderen Lebewesen aus den Ozeanen, eine neue Lebensperiode auf diesem Planeten eröffnen. Es ist, wie ich meine, ein reiner Zirkel, wenn sich die Evolutionstheorie zur Erkenntnistheorie ausweiten will, und glaubt der Konsequenz Nietzsches ausweichen zu können, daß als Erhaltungs- und Steigerungsbedingung des Willens zur Macht menschlicher Erkenntnis überhaupt nichts mehr über das Sein der Dinge und die Wahrheitsfrage auszusagen hat.

Betrachten wir das Aristoteles-Zitat noch etwas genauer. Da sehen wir einen eigentümlichen Übergang, nämlich von der tierischen Kommunikation durch Signale zu einem Offenlegen des *Symferon*, das heißt einer Beziehung auf anderes, von dem wir annehmen, daß es sich so und so verhält. Das ist ein schöner Ausdruck der deutschen Sprache: die Sache verhält sich so und so. Es liegt darin, daß wir sie so nehmen und zu nehmen haben, wie sie sich von sich selber her verhält. Darin liegt abermals Distanzierung von uns selbst und von unseren Wunschillusionen, eine Art Objektivierung, die uns von der Natur nicht so sehr geschenkt als von der Realität abverlangt ist und bei der man durchaus noch nicht an die neuzeitliche Experimentalwissenschaft denken muß. Jedenfalls ist diese Distanz die Voraussetzung, unter der der Mensch zu einer besonderen Leistung gegenüber der Wirklichkeit fähig geworden ist, nicht nur sich etwas vorzustellen, sondern auch sich im voraus etwas vorzu-stellen. Das bedeutet den Sinn für Zeit, der Sinn für das nicht Gegenwärtige, für das Vorzügliche, um dessen willen ich Mittel wähle, auch solche, die mir nicht sofort gefallen.

Verstehen und Übereinkommen

All das läßt sich nun von einem weiteren Begriff des Aristoteles aus nicht nur verdeutlichen, sondern in seiner kulturstiftenden Bedeutung begreifen. Es handelt sich um den Übergang vom *homo faber* zum *animal politicum*, es handelt sich um den Begriff der *Syntheke*. In einer allerdings irreführenden Übersetzung ist das Konvention. Aber in Wahrheit ist es erst der Vollsinn von Sprache und die volle Menschlichkeit des Lebens, die sich durch diesen Ausdruck bestimmt. Da sagt nämlich Aristoteles, Sprache sei eine Form des Bezeichnens und des Mitteilens, die nicht von Natur ist, sondern aufgrund von Übereinkunft. So wenig wie die Rousseausche Staatstheorie ist hier natürlich von einer wirklichen Übereinkunft, die abgeschlossen wird, die Rede. Insbesondere im Fall der Sprache wäre das nicht nur ein Zirkel, sondern ein Widersinn, daß man sich abspricht, so und so zu sprechen. Wir kennen genug das Zerrbild von Sprache, das bei solchen Sprachregelungen herauskommt. Selbstverständlich ist das nicht gemeint. Durch den Ausdruck *Syntheke* soll nur die Grundstruktur dessen, was sprachliches Verstehen und sprachliche Verständigung ist, bezeichnet werden, Übereinkommen.

Dafür gibt es in der aristotelischen Logik eine wunderbare Stelle, die sicher auch Herder gekannt hat. Im Kapitel über die sogenannte Induktion[1] schil-dert Aristoteles, wie sich aus Wahrnehmungen, die sich häufen und die wir in der Erinnerung festhalten, Erfahrung ergibt, und von da aus der Übergang zu allem Wissen und allen Fertigkeiten. Wenn sich nun Aristoteles fragt, wie dieser Übergang eigentlich zu denken ist, durch den aus vielen Einzelheiten das Wissen von Allgemeinem zustandekommt, da bringt er folgenden Vergleich: es ist wie bei einem fliehenden Heer, alle rennen in Panik davon. Schließlich bleibt einer stehen und schaut um, ob der Feind ihnen noch nahe auf den Fersen ist. Und dann bleibt vielleicht ein anderer stehen, und ein dritter. Wenn einer stehen bleibt, ist das noch nicht das Ende der Flucht, und auch nicht, wenn der zweite oder dritte stehen bleibt. Aber am Ende, man weiß nicht wie, kommt das Heer wieder zum Stehen, es kommt die Flucht zum Stehen. Der Ausdruck ist: die *Arché* wird wiederhergestellt, die Einheit des Kommandos. Alle gehorchen wieder der Führung. Das ist die Beschreibung eines Anfangs ohne Anfang.

Schon im Altertum ist an dieser Stelle durch Themistios das Sprechenlernen des Kindes herangezogen worden, und in der Tat sollte man auf diesen Zusammenhang zwischen Sprach- und Begriffsbildung achten. Der Begriff der *Syntheke*, des Übereinkommens, enthält zunächst, daß Sprache sich im Miteinander bildet, sofern sich da Verständigung entwickelt, durch die man zu Übereinkunften kommen kann. Dieses Übereinkommen ist von außerordentlicher Bedeutung. Es liegt in ihm kein erster Anfang, sondern es ist geradezu im Wortsinn des deutschen Ausdrucks, ein Zusammenkommen, ein Kontinuum des Übergangs, der das Leben der Menschen von der Familie, der kleinen Wohn- und Lebensgruppe bis zu der schließlichen Entfaltung einer Wortsprache größerer sprachlicher Gemeinschaften führt.

Wendet man die logische Beschreibung der Bildung von Allgemeinbegriffen in dieser Weise auf die Sprache an, dann wird einem gewiß deutlich, wie der Fluß der Erscheinungen, in dem man etwas behält, die erste Voraussetzung ist für das Behalten des Allgemeinen. So wie Herder das mit dem Blöken der Schafe schildert, das sich im Gedächtnis festsetzt. Darin liegt das Besondere des sprachbildenden Vermögens überhaupt, das merkmalhaft Bedeutsame herauszuhören. Das heißt aber, Bildung von Allgemeinem bedeutet auch eine Selbstbeschränkung des eigenen Spiel-Vermögens. Wir müssen uns eingestehen, daß ein dreijähriges Kind im Umgang mit der Sprache sehr viel reicher und genialer ist als jeder Erwachsene. Gewiß gibt es ein paar Riesenkinder des Geistes, wie Goethe etwa, dessen Sprachschatz heute in lexikalischer Aufarbeitung aufgenommen wird und der in einer Unzahl von Bänden einen enormen Reichtum sprachlicher Vielfalt aufweist. Und das gilt allgemein.

Es sind überhaupt die Dichter, die von der Flexibilität des sprachlichen Vermögens jenseits der Regeln, jenseits der Konvention Gebrauch machen und doch auch noch innerhalb der Möglichkeiten, die die Sprache selbst anbietet, Ungesagtes zum Sagen zu bringen wissen. Wenn wir an diese Sonderfälle, das Kind und das Genie denken, dann wird uns bewußt, wieviel wir als menschliche Gesellschaft für die Einformung in dieselbe zu zahlen haben. Da artikuliert sich eine wohlvertraute und einen wahren Schatz darstellende Erfahrung im Sprechenlernen selbst. Das ist durchaus eine wandlungsfähige Weltorientierung. Ich habe in meiner Kindheit noch Walfische sagen gelernt, heute sagt jeder Mensch Wale, denn es hat sich in unser aller Bewußtsein eingeprägt, daß das Säugetiere und keine Fische sind. So wird durch die Sprache selber Erfahrung selbstverständlich wieder berücksichtigt. Im ganzen ist das aber doch eine eigentümliche Doppelgerichtetheit unseres kreativen Vermögens: einerseits sind wir zu Verallgemeinerungen und Symbolisierungen fähig, wie sie im Rätsel der Wortsprache besonders eindrücklich am Tage liegen und doch, ist dieses sprachbildnerische Vermögen gleichsam in Schranken geschlossen, die es sich selbst aufrichtet. Es verpuppt sich gleichsam, ohne je wie der Schmetterling die Flügel wieder zu regen.

Sprache auf dem Weg

Wir nähern uns damit der Frage der »Grenzen der Sprache«. Es ist ja nicht nur die Abhebung der Sprache gegen das Vorsprachliche, die sich in unseren Betrachtungen gezeigt hat. Wir sollten auch das Nebensprachliche nicht ganz außer Acht lassen. Ich meine etwa: was ist das Lachen? Aristoteles hat zwei Definitionen des Menschen gegeben, er ist demnach das Lebewesen, das Sprache hat und das Lebewesen, das lachen kann. Nicht ohne Grund, denn beide Definitionen haben offenbar eine gemeinsame Wurzel, die der Distanz zu sich selber. An der Sprache hatten wir das kennengelernt als die Fähigkeit eine Annahme zu machen, etwas vorzustellen, ohne an es ausgeliefert zu sein, sondern es so vorzustellen, daß wir über es nachdenken. Auch im Lachen ist eine eigentümliche Form der Selbstdistanzierung gelegen, in der die Wirklichkeit ihren Wirklichkeitsdruck für einen Augenblick verliert und zum Schauspiel wird.[2] Das Lachen also scheint mir ein Nebensprachliches zu sein und nicht wie die sonstigen Formen tierischer Kommunikation ein Vorsprachliches. Wer lacht, sagt etwas; Tiere lachen nicht. Auch wenn es gewiß Lachtauben gibt, wären sie doch ein schlechtes Argument. Wir fragen also, was dieses Nebensprachliche, das so eng mit dem Sprachlichen selber verknüpft scheint wie das Lachen, eigentlich ist. Was wir am kleinen Kind sehen, ist ja gerade die innere Beziehung zwischen der Entwicklung des Säuglings zum kommunikativen Wesen. Zum Lachen und zum Sprechen. Was geht da vor sich, was ist da für ein Übergang, der uns so aufregt? Wie ist das möglich, daß aus den imitativen Artikulationsspielen, dem Lallspiel des Säuglings und dem Antwortspiel der Mutter, schließlich das Bedeutungshafte von Wortbildungen sich freiringt und festmacht?
Mir scheint es ein wenig irreführend, wenn man diese Probleme an Beispielen expliziert, wie dem, wo ein Kind mit Hilfe seiner Mutter das Wort »Ball« lernt. Das hätte es auch ohne die Hilfe der Mutter gelernt. Es war auf gutem Wege, sprechen zu lernen. Ich bin nicht so ganz überzeugt, daß es richtig ist, solcher rührender Bemühung der Mutter in unserer Welt so viel Bedeutung zuzusprechen. Daß das in der sogenannten heilen Welt, von der wir so heim-

wehtrunken sprechen, der Fall war, mag gewiß als Material für den Forscher von heute von besonderem Werte sein, weil sich dort die Dinge mit den modernen Beobachtungsmitteln objektivieren lassen. Aber das Erstaunliche an der menschlichen Natur, aus der wir sozusagen hervorgegangen sind, ist doch, daß selbst in unserer so verfremdeten und entfremdeten Welt, in der etwa Eltern hochdeutsch zu Kindern reden und nicht ammendeutsch, die Kinder gleichwohl zu ihren schönsten Abstraktionen selber fähig werden.

Ich erinnere mich einer kleinen Beobachtung, die ich einmal bei einer meiner Töchter machte: Ich las Zeitung. Das Kind muß so zweieinhalb Jahre gewesen sein − und deutet plötzlich mit dem Finger auf den Annoncenteil mit dem Ausdruck »meck-meck«. Erst wußte ich gar nicht, was sie meinte. Dann sehe ich, da war eine Reklame für das Bock-Bier, wo ein Ziegenbock sehr stilisiert abgebildet war. Das Kind hatte den abstrakten Bock besser erkannt als ich. Solche Abstraktionsleistungen stellen in einem erwachenden Kindbewußtsein den großen ersten Schritt dar, und ich bin im Grunde zuversichtlich, daß meine Zuwendung zu dem Kinde von ihm als eine wohlklingende Prosodie auch aus meinem Hochdeutsch herausgehört worden ist. So habe ich als Vater nie versucht, mich auf das Ammendeutsch einzulassen, und bin nicht sicher, ob das wirklich ein Mangel war. Ich glaube, daß auch meine Mutter, die ich sehr früh verloren habe und die sehr krank war, kaum auf diese Weise mit mir zu kommunizieren versucht hat, und ich habe doch noch deutsch gelernt.

Aber es ist ein ernsteres Problem hinter diesem Scherz; wie sieht die Kommunikation aus, die im Sprechenlernen vor sich geht? Sie kann ja noch nicht Sprechen sein. Es ist ohne Zweifel ein Sich-Einspielen-miteinander. Der Erwachsene ist selbstverständlich in gewissem Sinne im Besitz eines vollen Sprachvermögens, und das Kind hat das noch nicht. Aber auf der anderen Seite ist ein wirkliches Kommunizieren doch nur möglich, wenn es sich immer schon um ein echtes Spiel von Frage und Antwort, Antwort und Frage handelt. Das ist es, was sich hier in einem Vor-Wortstadium bereits meldet, und was schließlich zum gemeinsamen Aufbau von Verständigung und zum »Verstehen« der Welt führt. Die Struktur des Geschehens, das den Graben zwischen der noch nicht semantisch aufgeladenen Form der Kommunikation und der Wortkommunikation überbrückt, ist das Spiel. Das scheint mir eine Art *vorsprachlicher Dialog* zu sein. Schon das Spiel des Säuglings mit seinen eigenen Fingern und Bewegungen, erst recht das Spiel, das den anderen meint.

Hierhin gehört als ein Übergangsglied zweifellos die Autonomie der Prosodie. Das Überwiegen des prosodischen Elements, des melodischen Elements lange bevor die Artikulation in semantische Elemente überhaupt mithineinspielt, zeigt sich deutlich an der Sprache mit dem Haustier. Das domestizierte Tier versteht, angesprochen, weil es den prosodischen Aspekt realisiert und weiß, ob man es zum Fressen einlädt oder ihm versichert, daß es nicht mehr gibt. Die ganze Sphäre kommunikativen Austausches ist offenbar von prosodischer Struktur mitgetragen, und wird immer noch weiter dadurch mitgetragen, solange gesprochen wird. Das bedeutet für das Vorsprachliche, das es im gewissen Sinne immer schon auf das Sprachliche hin unterwegs ist.

Ich glaube nicht, daß hier der Rekurs auf die Tiersprachen von besonderer Aufschlußkraft ist. Gewiß kann man sagen, dort ist alles genetisch vorprogrammiert, was im Verhalten einer Tierfamilie oder überhaupt von Tieren der gleichen Spezies miteinander vor sich geht. Die Grasmücke hat ihren Gesang und die Amsel einen anderen. Bei uns ist eine andere Art von Freiheit am Werke, die sich nicht zuletzt in der babylonischen Sprachverwirrung zeigt, in der sich menschliche Sprachgemeinschaften selbständig gegeneinander entwickeln. Schließlich lernen auch Vögel viel voneinander und Menschen oft nicht mehr als Papageien. So bin ich nicht ganz sicher, ob man die Flexibilität des Vermögens, um das es sich hier handelt, nicht noch weiter ausdehnen muß und vielleicht sagen sollte, daß die ganze vorsprachliche Sphäre sprachgerichtet ist, sofern sich in ihr ein Prozeß der Artikulation schon anzeigt, der sich beim Menschen schließlich entfaltet.[3] Das hat in meinen Augen Folgen für den Begriff der Sprache selber und ihren Abstand von dem künstlichen Code. Es ist eine unbegrenzte Offenheit für Weiterbildung, die in der Sprache liegt. Keine Sprache ist das Regelsystem, das der Schulmeister im Kopfe hat oder das der Grammatiker abstrahiert. Jede Sprache ist ständig auf dem Wege, sich zu verändern. Es mag zwar sein, daß unsere Sprachen sich in ihrer grammatischen Struktur abschleifen, während sie sich im Vokabular bereichern. Doch wird sich wohl auch in einer sich abschleifenden Grammatik immer noch etwas von dem prosodischen Reichtum bewahren, der im Sprechen liegt.

Es wird so sein wie bei allen Dingen in unserer der Gleichmachung durch die industrielle Revolution ausgesetzten Welt: eine schärfere Trennung zwischen einer Massengesellschaft und wenigen, eigentlich kreativen Begabungen, die zugleich im Nebeneinander ist, scheint unausweichlich heraufzukommen. So wird wohl auch eine Gesellschaft, die technisch noch weit über unsere fortgeschritten ist, am Leben bleiben können, weil sich die Anpassungstalente und die kreativen Neuerer in immer neuen Verhältnissen ausbalancieren. Auf der anderen Seite wird man gerade was das Vokabular unserer Sprache betrifft nicht blind dagegen sein dürfen, daß die Zwischeninstanz der Computerwelt, die unsere Schriftsprache beherrschen wird, dem Wortreichtum möglicher Verständigung mit Sicherheit enge Grenzen setzt, so daß wir hier gleichsam zu einem Code kommen, der für das sprachliche Vermögen eine Barriere aufbaut und seine erstarrte Regelform mit Maschinengewalt erzwingt.

Unvollendete Gespräche

Zuletzt möchte ich die Grenze der Sprache gegenüber dem Übersprachlichen nennen. Die Grenze zum Ungesagten und vielleicht gar zum Unaussprechlichen. Dafür gehe ich von dem aus, was wir die Aussage nennen. Ihre Grenze war wohl das Schicksal unserer abendländischen Zivilisation. Unter der extremen Bevorzugung der *Apophansis*, der Aussage, hat sie eine ihr entsprechende Logik entwickelt. Es ist die klassische Urteilslogik, die auf den Urteilsbegriff gestützte Logik. Die Bevorzugung dieser Form des Sprechens, die nur einen Aspekt innerhalb der reichen Vielfalt sprachlicher Äußerungen darstellt, bedeutet eine besondere Abstraktion, die ihre Wichtigkeit für den Aufbau doktrinaler Systeme bewiesen hat, etwa für die Monologe der Wissenschaft, die am Lehrsystem Euklids ihr Vorbild anerkennen. Da müssen es Aussagen sein, die man logisch kontrollierbar machen kann. Wenn man aber zum Beispiel als Zeuge vor Gericht geladen ist, muß man auch eine Aussage machen. Dieselbe wird dann protokolliert und man muß das Protokollierte, das man da gesagt hat, unterschreiben. Ganz ohne den lebendigen Gesprächszusammenhang wird es fixiert. Ich kann nicht bestreiten, daß ich das Protokollierte gesagt habe. Ich kann also die Unterschrift nicht verweigern, aber in welchem Redezusammenhang das stand, in welchem Beweiszusammenhang das zwecks Urteilsfindung und Urteilsbegründung auftrat, kann ich als armer Zeuge überhaupt nicht mehr beeinflussen. Das Beispiel zeigt besonders deutlich, was eine Aussage ist, die aus ihrem pragmatischen Zusammenhang gelöst ist. Es gibt gute Gründe, daß man das im Gerichtswesen so machen muß. Wie könnte man sonst überhaupt zu unbeeinflußten Aussagen über Tatsachen gelangen. Dafür ist nötig, daß der Zeuge über die Fragepunkte und Ungewißheiten möglichst uninformiert ist. Wenn einer ein bißchen schlau ist, fragt er sich doch bei jeder Frage, was die eigentlich wissen wollen. Daher muß die Uninformiertheit des Zeugen für die Brauchbarkeit seiner Aussage geschützt werden. Aber das ist offenkundig ein hermeneutisches Problem von hoher Verwicklung. Dem Zeugen kann dabei nicht wohl sein, dem entscheidenden Gericht ist zu viel aufgetragen.

Ähnlich steht es mit dem Zitieren von Worten. Nichts ist ja so geduldig wie aus dem Zusammenhang gerissene Zitate. Manche haben ein richtiges eigenes Leben als Redensart gewonnen, zum Beispiel: ich kenne meine Pappenheimer. Bei Schiller sagt Wallenstein in vermeintlicher Freude: daran erkenne ich meine Pappenheimer, weil er sie für tapfer und treu hält. Das Wort hat im heutigen Gebrauch einen ganz ironischen Sinn erhalten.

Wir sehen an den Beispielen, welche prinzipielle Grenze eine Aussage hat. Sie kann nie alles sagen, was zu sagen ist. Wir könnten dem auch die Form geben, daß alles, was sich uns zu einem Gedankenzusammenhang in uns bildet, im Grunde einen unendlichen Prozeß einleiten. Ich würde vom hermeneutischen Standpunkt aus sagen, daß es kein Gespräch gibt, das zu Ende ist, bevor es zu einem wirklichen Einverständnis geführt hat; vielleicht muß man hinzufügen, daß es deswegen im Grunde kein Gespräch gibt, das wirklich zu Ende ist, da ein wirkliches Einverständnis, ein ganz vollständiges Einverständnis zwischen zwei Menschen, dem Wesen der Individualität widerspricht. Daß wir in Wahrheit kein Gespräch wirklich bis zu Ende führen und oft nicht zum Einverständnis kommen, das sind Begrenzungen unserer Zeitlichkeit und Endlichkeit und Voreingenommenheit. Die Metaphysik redet von dem aristotelischen Gott, der all das nicht kennt. Die Grenze der Sprache ist also in Wahrheit die Grenze, die sich in unserer Zeitlichkeit, in der Diskursivität unserer Rede, des Sagens, Denkens, Mitteilens, Sprechens vollzieht. Plato hat das Denken das innere Gespräch der Seele mit sich selbst genannt. Hier wird die Struktur der Sache ganz offenkundig. Es heißt Gespräch, weil es Frage und Antwort ist, weil man sich so fragt, wie man einen anderen fragt und sich so sagt, wie einem ein anderer etwas sagt. Schon Augustin hat auf diese Redeweise hingewiesen. Jeder ist gleichsam ein Gespräch mit sich selber. Auch wenn er im Gespräch mit anderen ist, muß er im Gespräch mit sich selbst bleiben, soweit er denkt.

Die Sprache vollzieht sich also nicht in Aussagen, sondern als Gespräch, als die Einheit von Sinn, die sich aus Wort und Antwort aufbaut. Erst darin gewinnt Sprache ihre volle Rundheit. Das gilt vor allem für die Wortsprache. Aber sicherlich gilt es auch für die Sprache der Gesten, der Sitten und Ausdrucksformen verschiedener einander fremder Lebenswelten.

Am Phänomen der Fremdsprache ist es besonders deutlich. Die Griechen haben in ihrem relativ begrenzten Kulturhorizont und in ihrem relativ unbegrenzten Kulturstolz für alle anderen Völker als Ausdruck für das Sprechenkönnen *hellenizein* gebraucht, das heißt reden. Andere Völker reden in ihren Augen überhaupt nicht wirklich, sondern sie bringen nur eine Art Rhabarber zusammen und deswegen heißen sie Barbaren. Das ist ein lautmalerisches Wort, das unterstellt, daß solche Menschen gar nicht wirklich sprechen, daß sie gar keine Sprache haben. Das ist gewiß nicht mehr unsere Art, aber auch für uns bleibt die Fremdsprache eine eigentümliche Grenzerfahrung. In der tiefsten Seele des einzelnen Sprechers wird es wohl nie ganz überzeugend, daß andere Sprachen ihm wohlvertraute Dinge anders nennen, etwa für den Deutschen, daß das, was ein Pferd ist, auch »horse« heißen kann. Da scheint doch etwas nicht richtig. Für uns alle aber ist die Poesie, das lyrische Gedicht, die große Instanz für dieses Phänomen der Eigenheit und der Fremdheit von Sprache. Da gibt es nicht so sehr Grade der Übersetzbarkeit von Sprache zu Sprache, als Grade der Unübersetzbarkeit. Es ist die Verzweiflung jedes Übersetzers im Anfertigen von Übersetzungen, daß es zu den einzelnen Ausdrücken der fremden Sprache keine korrespondierenden Ausdrücke gibt. Die reine Korrespondenztheorie ist offenbar falsch. Wir haben hier eine Grenze anzuerkennen. Allerdings würde ich sagen, es ist eine Grenze, die sich immer wieder überschreiten läßt und immer besseres Gelingen verspricht. Das würde ich auch für den Versuch in Anspruch nehmen, das, was ein anderer gedacht hat und was in einem anderen Sprachkleide vor uns steht, als Wort oder als Text, in der eigenen Sprache sagen zu können. Übersetzer bleiben freilich auch dann, wenn es sich nicht um den Extremfall dichterischer Worte handelt, ermattet auf dem halben Wege stehen. Es ist eben ein unendlicher Prozeß, die Umbildung des Sprachvermögens und des Sprachinhalts des fremden Sprechers in das Sprachvermögen und die Sprachinhalte der eigenen Sprache zu leisten. Es ist ein nie ganz vollendbares Selbstgespräch des Übersetzers mit sich selbst. Ebenso ist es für den, der eine fremde Sprache gebraucht. Dieselben Worte oder ganz verwandte Worte können in einem fremdsprachlichen Zusammenhang ganz anderen Stellenwert besitzen. Je besser einer die Zielsprache, wie wir sagen, spricht, desto weniger wird er die bloßen Annäherungen der Wiedergabe ertragen können, die ihm in den sogenannten Übersetzungen begegnen.

Auch in dem begrifflichen Vokabular der modernen Linguistik zeigt sich die gleiche Grenze. Die Forscher selber haben die Regelsysteme, die sie zu erkennen und zu entwickeln suchen, durch den Begriff der Sprachkompetenz ergänzen müssen, das heißt durch etwas, was wir nicht mehr durch Beschreibung von Regelrichtigkeit definieren können, sondern was über jede mögliche Regelgerichtigkeit hinausweist. Hier erlaubt Sprache etwas oder verbietet Sprache etwas, was man nicht eigentlich weiß und wissen kann, solange man nicht die volle Sprachkompetenz besitzt. Das Regelsystem einer Grammatik ist eben nicht vollkommener als ein Gesetzbuch, das so gerecht wie möglich sein möchte. Hier zeigen sich Grenzen, die das Sprachvermögen für den unerreichbar macht, der die Sprache als Regelsystem konstruieren möchte.

Endlich sei auf das tiefste der Probleme hingewiesen, die der Grenze der Sprache wesenhaft eingeboren sind. Ich fühle es nur dunkel, was in anderen Bereichen der Forschung — ich denke vor allem an die Psychoanalyse — bereits eine große Rolle spielt. Es ist das Bewußtsein, daß jeder Sprechende in jedem Augenblick, in dem er das richtige Wort sucht, und das ist das Wort, das den anderen erreicht, zugleich das Bewußtsein hat, daß er es nicht ganz trifft. Immer geht ein Meinen, ein Intendieren über das hinaus, an dem vorbei, was wirklich in Sprache, in Worte gefaßt den anderen erreicht. Ein ungestilltes Verlangen nach dem treffenden Wort — das ist es wohl, was das eigentliche Leben und Wesen der Sprache ausmacht. Hier zeigt sich ein enger Zusammenhang zwischen der Unerfüllbarkeit dieses Verlangens, des »desir« (Lacan) und der Tatsache, daß unsere eigene menschliche Existenz in der Zeit und vor dem Tode steht.

Otto Pöggeler

Sprache – Haus des Seins?

Sprachphilosophie im Kontext zu Dichtung und Theologie

Wir Menschen unterscheiden in unserem Miteinanderleben die Mündigen von den Unmündigen – jene, die bei der verantwortlichen Regelung der gemeinsamen Angelegenheiten den Mund auftun dürfen, und jene, die das noch nicht oder auch nicht mehr tun dürfen. Wenn Aristoteles eine »Politik« entfaltet, nämlich eine Wissenschaft vom Leben in der Polis oder eine praktische Philosophie, dann zeigt er im ersten Buch, daß es eine Polis nur geben kann, wenn die Menschen in den Familien das Leben weitergeben, durch Arbeit sich ihre Subsistenz, ihren Lebensunterhalt, erwerben, aber auch im Miteinandersprechen Gesetze für ihr Handeln finden. Die Vernunft kann das Leben leiten, weil die Sprache mit der Praxis eng zusammenhängt, ihr Orientierung gibt. Doch weiß Aristoteles: Gesundheit, Anmut und Glück werden von den Göttern gegeben; Vernunft kann sich nur in gegebenen Situationen sinnvoll oder doch mit der Rettung eines letzten Sinns zu orientieren suchen. Die Tragödie nimmt dagegen das schicksalhafte Geschehen, von dem der Mythos spricht, auf; doch kann die »Antigone« des Sophokles eine Mahnung geben: die Polis und ihre Herrscher müssen um ihre Grenzen wissen, sie dürfen zum Beispiel die Verantwortung der Lebenden für die Toten und den Eros, der in Haimon für Antigone erwacht, nicht für ihre Zwecke zu manipulieren versuchen. Auch in anderen Traditionen, so in der jüdisch-christlichen, weiß man um die Bedeutung des Gesetzes. Gerade die elementaren Lebensverhältnisse – das Verhältnis zwischen Eltern und Kindern, Männern und Frauen, Lebenden und Toten – verlangen nach einem Schutz, den ihnen das Gesetz geben soll; die volle Lebenswirklichkeit wird freilich bestimmt durch Gesetz und Propheten, Gesetz und Evangelium. Die Mündigen haben nicht nur Unmündige neben sich; ihr Tun und ihre Regelungen stoßen auch an eine Grenze, an der die gesetzhafte Absicherung des gemeinsamen Lebens einer Beschränkung unterliegt.

Wenn die Menschen als Mündige Unmündige und Entmündigte neben sich haben – Kinder und Geisteskranke zum Beispiel, dann werden sie daran erinnert, daß sie mit ihrem menschlichen Leben aus den übergreifenden Kreisen des Lebens kommen und aus ihrem verantwortlichen Sprechen auch immer wieder herausfallen können. Freilich kann unsere Neugier nicht ganz befriedigt werden, wenn wir fragen, wann denn in der Geschichte der Menschwerdung die Sprache einsetzte; dagegen können wir den Schritt des

Kindes vom nichtsprechenden Infans zum Sprechenden verfolgen. Unterscheidet sich der Mensch gerade durch die Sprache vom Tier oder spricht auch das Tier auf seine Weise? Bedeutet das Krächzen des Raben Bestimmtes, gar Abstraktes? Gibt es den Gesang und das Gespräch der Wale? Kann man einem Schimpansen die Taubstummensprache beibringen, kann dieser sie vielleicht auch seinen Kindern weitergeben?

Vielleicht hat die Rede von der Sprache allzu undeutliche Ränder. Das Wort weitet seine Bedeutung aus: dürfen wir auch von der Sprache der Dinge sprechen, etwa behaupten, ein Kristall, der gemäß der Information seines Gitters so kunstvoll aufgebaut ist, sage uns etwas? Das Wirkliche zeigt mannigfache Strukturen. Wir bewundern den Kristall, dessen Gitter nach der Auflösung den Kristall wieder aufbaut, wenn das lösende Wasser erneut entzogen wird. Merkwürdig ist auch eine Seifenblase, die sich wenigstens temporär in der Abgrenzung von einem Umfeld behauptet. Das Lebendige zeigt nicht nur solche Selbstbehauptung, sondern auch eine ständige Erneuerung im Austausch mit dem Umfeld, dazu die Reproduktion im Wechsel der Generationen. Gegenüber der Pflanze gewinnt das Tier eine neue Beweglichkeit; der Hund auf der Straße läuft weg, wenn das Auto kommt, die Blume, die dort gewachsen ist, kann das nicht. Was aber meint dabei das Bellen des Hundes? Sicherlich ermöglicht die Sprache dem Menschen eine Orientierung, die über die Orientierung des Tieres weit hinaus oder gar in einen qualitativ anderen Bereich führt. Wie lange mögen Tierjunge ihre Mutter oder ihre Amme kennen? Wir Menschen sprechen oder korrespondieren mit unseren Eltern bis zu deren Tod, halten dann das Andenken an sie fest. Wir können auch über den eigenen Tod sprechen und für den Todesfall unsere Verfügung treffen. Weil wir Sprache haben, können wir Tradition aufbauen und den Bezug zur Vergangenheit korrigierend ausbauen, zum Beispiel nach unserer Herkunft aus der Evolution des Lebens und mit unserer Sprache nach dem Gewinn dieser Sprachlichkeit in der Frühgeschichte fragen. Das Pferd mag in seinem Lebensbereich zu Hause sein; es baut weder eine Veterinärmedizin noch eine Evolutionslehre auf, denn dafür fehlt ihm die nötige Sprache.

Wenn die Philosophie den Menschen als das Lebewesen bestimmt, das den *Logos* hat, dann kann der *Logos* mehr als Vernunft oder mehr als Sprache aufgefaßt werden. Trotzdem mag man sich fragen, ob denn die Philosophie, die Dichtung und die Theologie etwas zu sagen haben zu Überlegungen, wann in der Geschichte der Evolution sich die Sprache durchgesetzt habe. Die Tradition hat solche Versuche sicherlich unternommen: die Dichtung nahm auch Mythen auf, die von der Weltentstehung sprachen und von der Geschichte der Menschen in jenen Zeiten, von denen es keine historische Überlieferung gab; unter den heiligen Urkunden der Theologie findet sich auch die »Genesis«; die Philosophie hat aus dem Wesen des Menschen heraus immer wieder Fragen zu entscheiden versucht, die die dunkle Frühgeschichte betreffen. Unter den philosophischen Abhandlungen finden sich unzählige, die über den Ursprung der Sprache handeln. Vielleicht geht es heute vor allem darum, die Begriffe zu ändern, mit denen wir an unsere Fragestellung herangehen, dadurch eine neue Sensibilität für das erfragte Ereignis zu gewinnen. Deshalb habe ich zu der Rede von der Sprache als Haus des Seins, die in den fünfziger Jahren im kontinentaleuropäischen Philosophieren sich durchsetzte, ein Fragezeichen gesetzt. Wenn heute zwischen Amerika und Kontinentaleuropa die Hermeneutik oder gar eine hermeneutische Philosophie neue Aufmerksamkeit gewinnt, dann bleibt immer noch zu überlegen, ob diese hermeneutisch ausgerichtete Philosophie im vollen Sinn »poietisch« ist, nämlich ausgerichtet auf alle Weisen des Hervorbringens, die zum Menschen gehören. Daß auch der philosophischen Tradition diese Weise des Fragens nicht fremd ist (wenn sie wohl auch lange Zeit übersehen wurde), mag hier nur durch eine Bemerkung Giambattista Vicos belegt werden. Ehe Vico im zweiten Buch seiner »Neuen Wissenschaft über die gemeinschaftliche Natur der Völker« Dichtung wie Philosophie zurückbindet an die Topik, nämlich an die Kunst, in der geschichtlich sich aufbauenden Erfahrung die rechten Gesichtspunkte zu finden, macht er darauf aufmerksam, daß die Grammatik als Lehre von den Buchstaben zwar das Sprechen regelt, aber doch zugleich eine Lehre vom Schreiben ist; das Schreiben könnte älter sein als das Sprechen oder doch gleichursprünglich mit diesem.

Auch das sprachlose Lebendige orientiert sich, indem es Signale aufnimmt und verarbeitet. Beim Geruch von Buttersäure läßt die Zecke sich vom Baum fallen, um auf der Haut des vorübergehenden Warmblüters das nährende Blut zu finden. An Signalen, die durch Attrappen nachgemacht werden können, erkennen die Jungvögel die Futter bringende Mutter; die Rufe der Vögel, oft ästhetisch durchgeformt, gehören zum Sichfinden der Geschlechtspartner, zeigen aber auch Gefahren an. Bedürfnisse wie Hunger und Fortpflanzung sind angeboren, und auf diesen Feldern sind dann auch Möglichkeiten zur Erschließung einiger wichtiger Schlüsselreize angeboren; anderes muß erlernt werden. Daß einiges wenige angeboren ist, gilt auch für den Menschen (und sogar die Werbung macht sich das zunutze); wenn wir aber auf die weiten Felder der Kunst und der Sprache sehen, dann verschwindet das Angeborene gegenüber dem Erfundenen und zu Lernenden fast ganz. Das heißt aber nicht, daß die Menschen sich vorzüglich mittels einer Sprache verständigten, die zur wissenschaftlichen Objektivität und methodischen Absicherung hinstrebte. Andere Kommunikationsweisen sind elementarer und durchgreifender. In seiner Evolution ersetzte der Mensch das Maul als das primäre Greiforgan durch die Vorderextremitäten, die als »Hand« vom Gehen entlastet wurden; damit aber wurde das Gesicht frei für einen reichhaltigen und komplizierten mimischen Ausdruck, der auch die Mimik der Affen übertrifft, mag diese manchmal auch ausdrucksvoll sein. Zur Mimik kommen die Gesten, die aus verschiedenen Körperhaltungen und -bewegungen − dem Wurf, dem Drohen mit dem Stock − resultieren. Sympathie und Antipathie, Vertrauen in den anderen und das Aufkeimen von Mißtrauen stützen sich mehr auf die ursprüngliche Mimik und Gestik als auf das gesprochene Wort im einzelnen. Das vielgeschmähte Fernsehen vermittelt auch Gestik und Mimik und ist so für manchen Politiker verräterisch, freilich auch Anlaß zu neuen Manipulationen.

Es gilt noch etwas weiteres: der Mensch kommt mit der bloßen Wortsprache nicht aus. Klopft jemand an die Tür und antwortet auf meine Frage, wer da sei, mit dem einfachen Wort »ich«, dann kann ich nur ausnahmsweise wissen (wenn ich nämlich die Stimme erkenne), um welches Ich es sich handelt. Die deiktischen Worte wie »ich«, »hier«, »jetzt« transzendieren die Sprache in ein Feld des Zeigens hinein, das an eine Individuation gebunden ist und überhaupt nicht dem allgemeinen Begriff vollständig unterworfen werden kann. Wie sehr das Zeigen, die Gestik und die Mimik zu einer kunstvollen Sprache eigener Art ausgebildet werden können, zeigt das Beispiel des Dirigenten, der wortlos ein gewaltiges Orchester − das freilich Noten hat − leitet und dabei einer komplizierten Sinfonie den eigentlichen Schliff gibt. Erst seit wenigen Jahrzehnten wagt man es, die Ausdruckskunde als Wissenschaft zu betreiben und einen Brief nicht vom Inhalt her, sondern von der Handschrift her eigens als eine (oft unfreiwillig gegebene) Botschaft zu deuten. Der Ausdruckstanz braucht keine Worte, der Maler vor dem Bild wischt mit einer Handbewegung das wortreiche Geschwätz der Kunstkritik ab, der Techniker experimentiert ohne Anweisung und Worte. Sicherlich kann die Bedeutung der gesprochenen Sprache und der Schrift für unser Leben nicht leicht überschätzt werden. Man braucht sich ja nur einmal vorzustellen, eine Seuche befalle die Stimmbänder der Menschen oder eine Pest zerstöre über Nacht alles beschriebene Papier: unser Leben bräche in den meisten seiner Bereiche völlig zusammen. Doch sind die gesprochene Sprache und jene Schrift, die dieser Sprache dient, in der Kommunikation der Menschen nicht alles. Diesen Tatbestand muß man geltend machen, wenn man − auch im Hinblick auf Dichtung und Theologie − heute philosophisch die Frage nach dem Ursprung der Sprache wiederholt.

Ursprung der Sprache

Man setzt oft für unser Wort »Sprache« das griechische Wort »logos«. Damit wird nur deutlich, daß wir uns seit zweitausend Jahren in einer unterschiedlichen Weise auf den *Logos* beziehen: bei Heraklit meint das Wort das Verhältnis, in dem das eine und das andere stehen, zielt also auf eine Analogie des Seins als Ordnung der Dinge; bei Philon und im Johannes-Evangelium steht hinter dem *Logos* so etwas wie eine tätige Intelligenz, die das, was ist, eher in einer Schöpfung und Geschichte ins Dasein ruft. Die neuzeitliche Philosophie fragt in ihrer kritischen Wendung nicht mehr: was ist dieses oder jenes Ding?, sondern zuvor: wie ist Dieses oder Jenes uns überhaupt zugänglich; gibt es einen letzten Punkt der Gewißheit? Bauen sich die Zugangsweisen zu dem, was ist, aber nicht geschichtlich auf? Damit werden unterschiedliche philosophische Wege möglich: Ist die Geschichte, gedacht als politisch-religiöse oder auch als ökonomische Geschichte, der Leitfaden, der den Aufbau der Zugangsweisen zum Seienden durchsichtig macht (wie Hegel und Marx meinen), oder kommt der Mensch in seiner Geschichtlichkeit uns dann am nächsten, wenn wir darauf achten, wie er Sprache gewinnt (wie man es auf der Linie von Hamann und Herder annimmt)?

Geschichte braucht in einer ausgezeichneten Weise Zeit. Als man sich im 19. Jahrhundert jene ungeheuren Zeiträume vergegenwärtigte, die zu unserem Sternen-All gehören, als man untersuchte, wie das Leben in seiner Evolution mannigfache Arten des Lebendigen bis hin zum Menschen entstehen ließ, als man in die dunklen, atembeklemmend langen Räume der Frühgeschichte erkennend eindrang, mußte die Philosophie die Frage nach der Zeit neu stellen. Das tat zum Beispiel der Franzose Bergson. Er gestand zu, daß man von dem Raum, in dem wir leben, eine objektivierbare Schicht abheben, diese dann durch die Geometrie mathematisch erfassen kann; wir können die Zeit wie den Raum behandeln, und das müssen die Physiker tun, wenn sie zum Beispiel erklären wollen, wie die Bewegung eines Wurfes vor sich geht. Damit aber ist die Zeit nicht in der Weise aufgenommen, in der der Mensch sie lebt und erlebt. Der Mensch muß sich in den Strom der Evolution stellen, um sich in diesem Strom durch jene Distanz hindurch, wie die Zeit sie gewährt, in Freiheit anzunehmen. Zeit wird hier eher in der Weise der philosophischen Tradition, der Theologie und der Mystik erfahren, nämlich bezogen auf Ewigkeit. Bergson verabschiedet aber die Ewigkeit als *Aeternitas*, die alles das, was hier in der Zeit zerstreut ist, in eine überzeitliche Ordnung bringt.

Man konnte Bergsons Ansatz historistisch radikalisieren; das tat etwa Spengler in seinem populären Werk über den Untergang des Abendlandes: die faustische Kultur, die das Nebeneinander der Kulturen der Geschichte erforscht, ist selber eine bestimmte geschichtliche Hervorbringung, die ihren Ort und ihre Stunde hat. Als Bergson in Paris in einer berühmten Diskussion mit Albert Einstein über die neue Zeitauffassung diskutierte, wischte Einstein Bergsons Ansatz vom Tisch: dort sollten traditionelle Vorstellungen, die von der Wissenschaft widerlegt worden seien, noch einmal als nicht zu verwissenschaftlichendes Erlebnis gerettet werden. Es mag sein, daß Bergsons Verständnis der neuen Physik unzureichend war; aber mutet Einstein uns nicht etwas Unzumutbares zu, wenn er beim Tode seines

Freundes Besso kurz vor dem eigenen Tode im Sinne seiner Zeitauffassung schrieb, für den Physiker mache das Faktum nichts aus, daß der eine etwas früher, der andere etwas später sterbe:

> Für uns gläubige Physiker hat die Scheidung zwischen Vergangenheit, Gegenwart und Zukunft nur die Bedeutung einer wenn auch hartnäckigen Illusion.

Gläubig sind diese Physiker etwa im Sinne Spinozas; das heißt, sie rechtfertigen die Auffassung der metaphysischen Tradition vom bloßen Scheincharakter der erlebten Zeit durch eine neue Wissenschaft. Die Philosophie muß an diese Wissenschaft die Frage stellen, ob deren Sprache nicht eben doch eine bestimmte und einseitige Sprech- und Auffassungsweise ist, die in ein übergreifendes Ganzes zurückgenommen werden muß.

In Deutschland hat Wilhelm Dilthey gezeigt, daß die Erfahrung von Leben und Zeit nicht das Erlebnis in einer ungewissen Intuition ist, sofern Sache einer vielschichtigen Hermeneutik. Ein halbes Jahrhundert später, in der Zeit der Weltkriege des zwanzigsten Jahrhunderts, hat Martin Heidegger diesen Ansatz weiter ausgearbeitet. Als die Weltwirtschaftskrise 1929 die Gefährdung Europas neu ins Bewußtsein rief, war Heidegger durch die Publikation von »Sein und Zeit« an die Spitze der deutschen Philosophierenden gerückt; er fragte nunmehr mit Nietzsche, ob geschichtliche Größe nicht nur durch eine tragische Welterfahrung zurückzugewinnen sei. Kann der Mensch neu beheimatet werden in einer von Mythen umstellten Welt, die nun vor allem Angelegenheit der Künstler und Dichter ist?

Nach dem düsteren Ende des Zweiten Weltkriegs formulierte Heidegger rückblickend in seinem Brief über den Humanismus, die Sprache müsse erst wieder Haus des Seins werden. Diese Formel konnte eine so große Wirkung gewinnen, weil man in Deutschland zugleich mit Wilhelm von Humboldt die Sprache als Weltansicht faßte, in Frankreich mit Schriftstellern und Philosophen wie Saint-Exupéry und Merleau-Ponty in der unbehausten Welt nach der Wahrheit des »Wohnens« fragte. Vom Sein sprach Heidegger, weil die Philosophie gemäß der Auszeichnung des »ist« in den indogermanischen Sprachen die Frage nach der Einheit in der Mannigfaltigkeit von Seiendem als Seinsfrage entfaltet hatte. Das Haus ist nichts Gegebenes, sondern etwas vom Menschen Hervorzubringendes — die Hut, in die die Dinge treten, um uns in ihrer Offenheit zu begegnen. Diese Hut ist der Sorge des Menschen anvertraut als das, was man nicht einfach machen kann, und so sprach Heidegger vom Menschen auch als vom Hirten des Seins. Damit erinnerte er an Grundzüge des In-der-Welt-Seins, die mit der neolithischen Umwälzung aufkamen und nach knapp zehntausend Jahren in bloße Reservate verdrängt wurden: an den Hirten, der seine Herde um sich sammelt, das Haus des Bauern und Stadtbewohners, das sich aus der weiten Welt ausgliedert, das Haus Gottes, das die Erde nach Osten und damit zum Heil hin ausrichtet. Die Philosophie, die nach der Offenheit des Seienden für uns fragt, verbindet sich hier mit der Erfahrung des Heiligen, die das Leben in ein sinnvolles Dasein rettet. Heidegger erinnerte an Hölderlins Wort, der Mensch wohne dichterisch: auf dieser Erde unter dem Himmel und vor den Göttlichen. Das »Dichterische« ist das poietische Hervorbringen überhaupt, das jedoch sein leitendes Modell im Sprachgebrauch ursprünglicher Dichter hat. Damit wiederholte Heidegger in gewandelter Zeit noch einmal das Programm, das man in der Umbruchszeit von 1800 als Forderung einer »neuen Mythologie« aufstellte.

Man darf freilich die Rede von der Sprache als dem Haus des Seins nicht allzu sehr von der idyllischen Seite her auffassen; das zeigt gerade die Erläuterung, die Heidegger ihr von Rilkes Dichten her gegeben hat. »Um einen Hauch wagender«, so nennt Rilke den Menschen in seiner Unterschiedenheit von Pflanze und Tier, die von der Natur im Kreislauf der unterschiedlichen Lebensringe einbehalten werden. Der Hauch, um den der Mensch »wagender« ist, ist die Sprache, durch die er sich von der tragenden Natur distanziert, um reflektierter das, was ist, aufzunehmen. Sind wir nicht hier, so fragt Rilkes neunte Elegie, um »Haus, Brücke, Brunnen, Tor, Krug, Obstbaum, Fenster, – höchstens: Säule, Turm« zu sagen, aber »zu sagen *so*, wie selber die Dinge niemals innig meinten zu sein«? Man muß beachten, daß Rilke hier Dinge nennt, die dem neolithischen Seßhaftwerden zugehören, daß er aber das architektonisch Angestrengte der Hochkultur – die Säule, den Turm – schon mit einem Fragezeichen versieht. Wenn wir das Sagbare sagen und das Unsägliche – den Nachglanz der leitenden Sterne über dem Land des Todes – gewähren lassen wollen, dann müssen wir in unser Hiersein auch den Tod aufnehmen. Doch sind wir nicht mit dem Leben verständigt wie die Zugvögel, die zu rechter Zeit aufbrechen. Vielmehr unterbrechen wir immer wieder die Kreisläufe von Leben und Tod: im Brunnen spricht die Erde mit sich selber, aber wir unterbrechen dieses Gespräch, indem wir für unsere Zwecke den Krug zwischen Brunnenmund und Erde halten; wir lassen die fallende Frucht nicht zur Erde zurückkehren, sondern sammeln sie ein und stören so den orphischen Kreislauf. Gewächs und Getier, die mit dem Leben und damit auch mit dem Tod einverstanden sind, werden hier zum Vorbild des Menschen, so wie einst – etwa in der Metaphysik des Aristoteles – jener Gott Vorbild war, der im Selbstgenuß seines Denkens der Welt ihre Ordnung vorausdachte und dem zeitverhafteten Menschen wenigstens einen bescheidenen Anteil an seinem ewigen Tun gab. Heidegger macht darauf aufmerksam, daß auch Rilke noch von dieser Metaphysik des in sich ruhenden göttlichen oder tierischen Lebens her dichtet; damit ist auch für Rilke der Mensch das vernünftige Tier, das heute auf anderen Feldern – zum Beispiel mit der so vernünftigen atomaren Rüstung – seine Selbstbehauptung im Gestell der Technik betreibt. Diesem Totalitarismus des Sichsichernwollens stellt Rilke den Absolutismus des

Ästhetischen zur Seite und zeigt damit die Gefährdung, die in jeder Poiesis liegt. Dem Zugriff auf dieses Absolute stellt Heidegger die Sterblichkeit des Menschen entgegen, die von einem unverfügbaren Anspruch her Sprache und damit ein Wohnen in der Welt gewinnt.

Kann der Mensch, wenn er sich selber fragwürdig geworden ist, mit der Theologie Gott oder mit der naturwissenschaftlichen Forschung das Tier zu dem Maßstab nehmen, mit dem er sich neu mißt? Der Mensch artikuliert die Frage nach sich selbst in der Sprache, die einmal mit der Umbildung des Maules zum Mund und der Ausbildung des Kehlkopfes als ein umwälzendes Ereignis in das Leben eingebrochen ist. Es war schon das Zeitalter der Aufklärung, das den Ursprung der Sprache als einen notwendigen von der Auslegung des Menschen auf die Vernunft hin hat begreifen wollen. »Schon als Tier hat der Mensch Sprache«, so beginnt Herder 1772 seine »Abhandlung über den Ursprung der Sprache«. Die Weise, in der der Mensch unter den anderen Lebewesen auftritt, macht ihn der Sprache bedürftig; er ist ein Mängelwesen, das sich nur durch Besonnenheit gegenüber den anderen, stärkeren und besser eingepaßten Lebewesen behaupten kann. Für die Ausbildung der Besonnenheit ist die Sprache nötig. Die moderne Anthropologie hat diesen Ansatz ausgebaut, zum Beispiel darauf hingewiesen, daß der menschliche Säugling in seinem extrauterinen Frühjahr auf die Pflege der Eltern angewiesen ist, so aber auch Zeit zum Lernen hat − nicht nur zum Lernen des Gehens, sondern auch der Sprache. Arnold Gehlen hat in seinen politischen Optionen und in seiner Kritik der Gegenwart aus diesem Ansatz sogar gefolgert, der instinktentbundene Mensch müsse durch Institutionen neu gebunden werden; so konnte man die Sprache als Institution der Institutionen auffassen.

Die These vom notwendigen Ursprung der Sprache beim Menschen ist freilich zirkulär: sie setzt schon voraus, daß der Mensch Vernunft hat, für die dann die Sprache gebraucht wird; diese Vernunft aber entfaltet sich erst in der Sprache. Bekanntlich hat Hamann deshalb von einem göttlichen Ursprung der Sprache gesprochen, und auch Nietzsches »Götzendämmerung« formuliert noch: »Ich fürchte, wir werden Gott nicht los, weil wir noch an die Grammatik glauben«. Gott tritt hier auf als der Garant einer umfassenden Gesetzlichkeit; aber so hatte Hamann seine These nicht gemeint. Er dachte nicht an den Gott des Aristoteles, sondern an jenen Schöpfergott, der im Menschen geschichtlich etwas Unvergleichbares weckt. In Heideggers Humanismus-Brief findet sich die These, vom Tier, das uns leiblich so nahe sei, blieben wir durch einen Abgrund geschieden, während das Göttliche in seiner Ferne uns näher sein könne. Damit wird abgewehrt, daß der Mensch, wenn er sich problematisch wird, sich neidvoll am scheinbar glücklicheren Tier mißt; der Mensch muß gerade seine Sprachlichkeit als ein Geschenk übernehmen, das nicht durch vorschnelle Vergleiche bewertet werden kann.

Bleibt es also im Hinblick auf den Menschen in seiner Einmaligkeit bei der Rede von der Sprache als dem Haus des Seins? Als die verschiedenen philosophischen Strömungen auf dieser Erde sich in den letzten drei Jahrzehnten zu durchdringen begannen, hat man diese Rede von den unterschiedlichsten Ansätzen aus differenzierter entfaltet. Der Neukantianismus und der Neuhegelianismus hatten sich der Fundiertheit der Erkenntnis in den symbolischen Formen und der Sprache zugewandt; Hans-Georg Gadamer verband leitende Motive der metaphysisch-theologischen Tradition mit der Arbeit der Geisteswissenschaften, als er im abschließenden Teil seines Buches »Wahrheit und Methode« an die Rede von der Sprache der Dinge anknüpfte und die These formulierte: Sein, das verstanden werden kann, ist Sprache. Entscheidend wurde die Auseinandersetzung der kontinentaleuropäischen Philosophie einerseits mit den marxistischen Ansätzen, andererseits mit der analytischen Philosophie, die vorwiegend im englisch sprechenden Kulturkreis sich zur sprachanalytischen Philosophie ausgestaltete und die ursprünglichen Motive des amerikanischen Pragmatismus neu aktualisierte. Karl Otto Apel wollte alle relevanten Ansätze nutzen, als er in den fünfziger Jahren die These aufstellte, die Philosophie sei in der Neuzeit zur kritischen Philosophie geworden, diese Kritik sei im 19. Jahrhundert maßgeblich als Erkenntniskritik gefaßt worden, so daß Ernst Cassirer schließlich auch die Geschichte der Erkenntnistheorie in einem umfangreichen Werk aufarbeitete; heute jedoch müsse das erkenntnistheoretische Problem konkreter als Problem der Sprache gefaßt und die Geschichte des Sprachproblems erarbeitet werden.

In dieser Geschichte lassen sich verschiedene Leitlinien unterscheiden. So hat Aristoteles die Sprache vom Zeichen her gefaßt — eine Auffassung, die bis zur Zeichentheorie von Leibniz führt; die rhetorische Sprachbetrachtung ging von der Wirkung aus, die der Redner auf einen Hörer ausübt, doch diese Sprachauffassung wurde philosophisch beiseite gerückt, wenn auch im modernen Pragmatismus reaktiviert. Theologische Einstellungen, zum Beispiel die mystische Lehre von der Geburt und Wiedergeburt des Menschen im Wort, führten zu spezifischen Ansätzen; der italienische Humanismus und die deutsche Goethezeit nahmen die Sprache als Muttersprache einer bestimmten geschichtlichen Gemeinschaft und so als Weltansicht. Als guter deutscher Professor hat Apel jenen Teil seines umfassend geplanten Werkes zur Geschichte des Sprachproblems zuerst ausgearbeitet, der ihm eigentlich am fernsten lag, nämlich den Teil über die Sprachauffassung des italienischen Humanismus. Bei dieser Teilausarbeitung ist es dann geblieben, denn bedrohlicher als die historischen Fragen war das systematische Problem: Ist die Sprache das Haus des Seins, die Institution der Institutionen, die unser Zusammenleben zu regeln vermag? Wenn die Sprache Kommunikation ist, kann dann die Philosophie die Vernunft oder die Rationalität auch für unsere Weltzivilisation zurückgewinnen, indem sie sie konkret als kommunikative Rationalität faßt?

Die Rede von der Sprache als dem Haus des Seins hat in der Tat etwas Beirrendes. Wird das Sein und damit die Norm, wie sie von der Philosophie gesucht wird, dem geschichtlich aufgebauten Haus der Sprache in seiner Relativität und Brüchigkeit überantwortet oder umgekehrt die faktische Sprache, die unser Leben maßgeblich reguliert, auf die Norm des Seins bezogen? Vorweg muß sogar gefragt werden: gibt es das überhaupt, *die* Sprache? Ist das, was hier Sprache heißt, zureichend abgegrenzt? Soll auch die bildende Kunst, die Musik und sogar die Mathematik eine Sprache heißen — etwa gemäß der üblichen Rede von den Sprachen der Kunst oder der Sprache der Künstlerhände? Soll gar unterstellt werden, es könne so etwas geben wie einen neuen Homer, der auch heute durch seine Dichtung Sage und Mythologie als gemeinsamen Hintergrund unseres Vorstellens, Handelns und Hervorbringens darstellt? Ist die Rede von einem Haus überhaupt angemessen, wo doch der Mensch in das Gespräch und in eine offene Geschichte gestellt ist?

Heidegger selber hat den undifferenzierten Gebrauch der Rede von der Sprache als dem Haus des Seins abgearbeitet. Er hat in den düsteren Jahren 1946/47 in seiner Schwarzwaldhütte mit einem chinesischen Bekannten Sprüche des Laotse zu übersetzen versucht. Wollte er wie der chinesische Weise über die Berge auswandern? Jedenfalls begab sich damals etwas Merkwürdiges: ein Philosoph, der das gesprochene Chinesisch nicht verstand, suchte die Bildzeichen zu lesen, die ja in der chinesischen Schrift jeweils für ein Wort stehen. Leibniz hatte einst die chinesische Schrift als einen Anstoß für den Versuch genommen, eine universale Charakteristik zu entwickeln, eine Symbolschrift also, die mit ihren eindeutigen Zeichen ein ungehemmtes Schließen und Rechnen erlaubt. Heidegger entwickelte ein Vorurteil zugunsten der Chinesen mit ganz anderer Zielrichtung: er verstand die Sprache als Bild-Sprache und Bilder-Schrift, in der die leitenden Bilder verschiedene Bedeutungsdimensionen und Schwingungsräume haben und so auf unterschiedliche Weise miteinander verflochten werden können. Es bestürzt uns Europäer ja immer wieder, daß dieselbe Zeile von Laotse in unserer Sprache so ganz verschieden übersetzt wird. Der Titel des berühmten Romans »Kin Ping Meh« kann je nach Kontext zum Beispiel »Blüten in goldener Vase« oder »schöne Frauen in einem reichen Haus« bedeuten. Kann man von den Bedeutungen der Oberfläche zu einer Tiefe durchbrechen, die sich immer auch entzieht und verbirgt, ja vielleicht sich selber verstellt? Entsprechend zu dieser Auffassung von Wahrheit faßt Heidegger »logos« als ein Zusammenlegen und damit als »Lese«. Sprache wird aber auch bestimmt durch den Blick, der als Einblick vom Blitz eines Einblitzens bestimmt bleibt. Sie ist das Hand-Werk, das zum Beispiel einen Krug in den Brauch gibt — durch das Ausschütten des Opfertranks die Welt in eine heilige verwandelt werden läßt. Sie ist der Gang, der einer Spur folgt und sich einen Weg eröffnet (so daß neben das griechische Leitwort »logos« das chinesische Leitwort »tao« — »Weg« — treten kann). Die Sprache erwächst aus der Stimme, aber in der Weise, daß ein Anruf uns erreicht und sich dabei auch entzieht. Doch kann die Orientierung in der Welt nicht einseitig von der gesprochenen Sprache her verstanden werden, zu der dann Inschrift und Bild als etwas Zusätzliches hinzuträten.

Heideggers späte Gedankengänge sind weniger in Deutschland, umso mehr in Frankreich aufgenommen worden. So hat Jacques Derrida 1967 ein Buch »De la Grammatologie« vorgelegt; der Titel sagt (anders als der deutsche Übersetzertitel »Grammatologie«), daß nicht eine Lehre von den Buchstaben vorgelegt, sondern diese Lehre problematisiert werden soll. Diese Lehre ist nicht nur Grammatik, sondern auch Lehre von der Schrift; dabei ist die Schrift für Derrida nicht nur die Schrift der Bücher unserer Zivilisation, sondern auch die Inschrift der frühen Zeiten. Derrida zitiert den Sprachwissenschaftler Hjelmslev, der sich seinerseits auf eine Bemerkung von B. Russell berief, daß uns die Kriterien fehlen für die Entscheidung, »ob die Schrift oder das gesprochene Wort die älteste menschliche Ausdrucksform ist« (S. 102). Derrida verweist auch darauf, daß Stalin die Lehre russischer Sprachwissenschaftler widerrufen habe, die Schrift sei der phonetischen Sprache vorangegangen (S. 18). Fällt nicht auch die Wissenschaft unserer Zeit solche diktatorische Entscheidungen? Derrida macht darauf aufmerksam, daß die geisteswissenschaftliche Tradition entscheidend korrigiert wurde, als die Phonologie zum Modell der Wissenschaftlichkeit wurde. Man kann mit der Phonetik fragen, wie der Bau unseres Mundes mit Lippen, Zunge und Gaumen unterschiedliche Laute wie *p, t, k* bilden läßt; die Phonologie ist die Lehre von den Lauten und Lautgruppen, sofern sie Worte mit Bedeutungen aus Elementen aufbauen, die mit Entgegensetzung und Unterscheidung einem Code folgen, der entschlüsselt werden kann. Dieses strukturalistische Modell der Phonologie wurde auf die Linguistik überhaupt übertragen (so bei Jakobson), auf die Ethnologie (so bei Lévi-Strauss), auf die Psychiatrie (so bei Lacan, den Derrida nicht nennt). Der Blick auf die Geschichte gliche dann dem Blick in ein Kaleidoskop, in dem unterschiedliche Steinchen zu mannigfachen Kombinationen zusammentreten, ohne der vorgegebenen Strukturierungsmöglichkeit zu entrinnen. Ist dieser Blick jedoch der Geschichte angemessen?

Der zweite, bei weitem größere Teil des Buches von Derrida ist eine Interpretation von Rousseaus Abhandlung über den Ursprung der Sprache. Rousseaus Fragen gehört in jene Umbruchszeit, in der Europa endgültig zur neuen Industriekultur aufbrach, aber auch zum Beispiel durch Gelehrte von Warburton bis Champollion die ägyptischen Hieroglyphen entzifferte, durch Forschungsreisen die Lebensweise der Wilden oder Eingeborenen ferner Länder erforschte. Die Frage nach dem Ursprung von Sprache und Schrift stellte sich so neu. Die Anweisung aus dem achten Kapitel der Rousseauschen Abhandlung: den Menschen — wenn man ihn erforschen will — in seiner Umgebung aufsuchen, wurde zur methodischen Regel der heutigen Ethnologie und Anthropologie. So bei Lévi-Strauss! Dieser schildert in seinem Buch »Traurige Tropen« die »Schreibstunde«, in der das Schreiben und die Bestandsaufnahme durch Schrift zerstörerisch in das Leben von Eingeborenen einbricht und dabei zu einem Instrument der Herrschaft und Ausbeutung wird. Der Rousseauismus bringt dem europäischen Ethnologen Gewissensbisse ein und verbindet sich mit einem Marxismus, der Herrschaftsverhältnisse abbauen will. Wenn sich Europa so gleichsam gegen sich selber kehrt, dann folgt man immer noch den Diskursen von Rousseau, die ja den Ertrag der Wissenschaften und Künste für die Läuterung der Sitten in Frage stellten und nach dem Ursprung der Ungleichheit fragten. Geschieht dieser Kampf gegen den Eurozentrismus nicht auf eine durchaus eurozentrische Weise? Es wird zum Beispiel die Nachträglichkeit der Schrift behauptet: das Neolithikum habe die fundamentalen Errungenschaften unserer Kultur erbracht, aber der Schrift noch entbehrt (S. 224). Seit Platons »Phaidros« sehen die Philosophen die Schrift als einen Sündenfall an, obgleich sie selber mit dem Schreiben nicht aufhören (heute sogar das Schweigen empfehlen und dann achtzig Bände einer Gesamtausgabe edieren lassen). Nach Aristoteles steht der Laut der Stimme für die innere seelische Bewegung, die auf die Ideen blickt; die Schrift ist dagegen die nachträgliche Fixierung dieser nachträglichen Verlautbarung, manchmal eine Stütze, sicherlich eine Veräußerlichung in Potenz. Dieser Auffassung folgt noch Rousseau, doch scheint sie nach Derrida widerlegt durch die Schrift als Inschrift, die Gemeinschaft stiftet.

Rousseau fragt innerhalb des Wissens seiner Zeit in einer durchaus grundsätzlichen Weise nach den Möglichkeiten und der Entfaltung von Sprache. In Bewegung und Stimme sieht er die Mittel des Menschen, Empfindungen und Gedanken mitzuteilen. Die Bewegung kann taktil durch Berührung mitteilen oder gestisch für den Blick sein. Die gestischen Zeichen sind eindringlicher als die gesprochenen Worte: Wenn Tarquinius Superbus die Mohnblumen köpft, dann ist diese Geste als Drohung gegen die führenden Köpfe im Lande kräftiger, als viele Worte es sein könnten. Unsere Leidenschaften aber werden durch eine Rede, die die verschiedenen Seiten einer Sache entfaltet, stärker erregt als durch statische Zeichen. Hätten die Menschen Handel und Staat nicht auch durch eine Sprache der Gebärden und Gesten aufbauen können? In jedem Fall unterscheiden sie sich von den Tieren dadurch, daß sie die Bedeutung ihrer Zeichen durch Übereinkunft festlegen und so Sprache und Gemeinschaft zugleich ausbilden; die Sprache der Bienen, Ameisen, Biber oder Vögel ist durchweg eine angeborene Sprache, durch den Arbeitszusammenhang festgelegt oder im Lockruf, Warnruf, Schmerzensschrei fest auf Bedürfnisse bezogen. Die frühesten Menschen, die »Wilden« als Sammler, Fischer und Jäger, folgten nach Rousseau der momentanen Bedürftigkeit (etwa der Kopulation) und hatten so weder eine Gemeinschaft noch eine Sprache im eigentlich menschlichen Sinn. Erst unter den sogenannten »Barbaren«, im goldenen Zeitalter der Hirten, artikulierte die Einbildungskraft die Leidenschaften; so bildete sich eine eindrucksvolle, bilderreiche Sprache und mit ihr auch ein Gemeinschaftsleben, aber noch ohne spezialisierte Arbeitsteilung. Als im dritten, »zivilisierten« Stadium die Menschen seßhaft wurden und für den Ackerbau das Eisen aus der Erde holten, zeigte sich die Gefährdung von Sprache und Gemeinschaft: es bildeten sich Besitz, Recht und Staat aus, damit Ungleichheit, Herrschaft und Ausbeutung. Die Sprache wurde mehr und mehr bloßes Instrument, blieb nicht die Sprache einer Polis der Freien und Gleichen.

Rousseau ordnet den drei Stadien der Gesellschaft und der Sprache auch drei Stadien der Schrift zu: Piktographie, Ideographie, konsequente Phonographie (S. 503). Er bestimmt seine Leitvorstellungen in Auseinandersetzung mit Zeitgenossen: gegen Condillac hält er zum Beispiel fest, daß die Sprache nicht an das nackte Bedürfnis und den unmittelbaren Schrei anknüpft, sondern Leidenschaften durch die Einbildungskraft ausgestaltet. Gegen die Grammatik von Port Royal und gegen Maupertuis und Leibniz wird gesagt, die Sprache sei nicht ursprünglich eine Sprache der Geometer gewesen. Rousseau meint nicht wie Warburton, die Metaphern der Frühzeiten verdankten sich der Schwerfälligkeit des Begriffsvermögens. Die Lehre vom leidenschaftlichen Charakter der ursprünglichen Sprache und der Rolle der Einbildungskraft verweist vor auf Herder, der dann jedoch den Akzent auf die »Besonnenheit« legt. Rousseau kombiniert die Leitvorstellungen mit den geschichtlichen Stadien aber nicht mechanisch und linear, sondern in einer komplizierten Dynamik: der kalte Norden bringt gegenüber dem Feuer und der Leidenschaft des Südens das Bedürfnis und seine nackte Befriedigung neu ins Spiel, und so entsteht dort jene Prosa, die im literarischen Betrieb zur Verfallserscheinung wird, aber auch zum Welthandel, zur Herrschaft über die Welt befähigt und die ethnologische Forschung ermöglicht. Rousseaus Kritik des sich steigernden Formalismus konnte skandalöse Akzente bekommen, zum Beispiel im Lob der italienischen, in der Kritik der französischen Musik. Rousseau zeigt auf, wie die Menschen mannigfache Supplemente erfanden, um zum Beispiel das Gespräch der Hirten am Brunnen zu ersetzen durch Prosa und Schreibkultur. Zugleich fragt Rousseau, ob Homer habe schreiben können oder ob seine Zeit — wie die Episode von Bellerophontes in der »Ilias« anzunehmen nahelege — geschrieben habe. Widerlegt er sich nicht selbst, da er nicht zwischen der Inschrift der frühen Zeiten und der Buchschrift unterscheidet, Schrift überhaupt abwertet (S. 459)?

Zu den schönsten Seiten, die Rousseau geschrieben hat, gehören jene über die gemeinschaftsbildende, leidenschaftliche Sprache der Hirten und Hirtinnen am Brunnen. Auch hier bietet Rousseau als Hintergrund eine philosophische Theorie an. Selbstliebe (amour de soi) und Mitleid (pitié) sind natürliche Triebe, die erst durch die Einbildungskraft wirklich geweckt werden. Schließlich wird die Selbstliebe, die die Autarkie abstützt, sich mit anderen vergleichen und zur Eigenliebe und Selbstsucht (amour-propre) werden. Rousseau sieht richtig: was die Menschen vor allem erstreben, sind Prestigewerte, die nicht zu verallgemeinern sind, da sie dann ja verschwinden würden, und so betrifft die Wohlfahrt für alle gar nicht den entscheidenden Punkt des Konkurrierens. Auch das Mitleid kann pervertiert werden und seine ursprüngliche Funktion, den anderen zu schützen, verlieren. Die Liebe, die den Partner sucht und schützt, wird dann zu *le moral de l'amour* als einem Prestigewert. Rousseau folgt jahrhundertealten, »männlichen« Vorurteilen, wenn er sagt: die Frauen schüren diese Entwicklung und verweiblichen so auch den Mann, eine Tendenz, die durch Roman und Theater gefördert werde. Da die Brunstschranke bei den Menschen fiel, wurde nach Rousseau der Anspruch der Frauen vervielfacht – etwa versechsfacht, wenn die Frauen nicht mehr für eine begrenzte Brunstzeit von zwei Monaten zur Verfügung standen, sondern das ganze Jahr hindurch. In der Tat berührt Rousseau hier einen Grundzug menschlichen Lebens, dessen geschichtlicher Ursprung genauso unbekannt ist wie der Ursprung des Sprechens. Man braucht den Fall der Brunstschranke aber nicht mit der Entartung bei Haustieren zu vergleichen; der Fall dieser Schranke – vorausgesetzt, daß er sehr früh eingetreten ist – konnte die Menschen durchaus in einer positiven Weise stärker familiär binden, so die Aufzucht der schutzlosen Säuglinge ermöglichen, damit das Überleben der Art sichern – vielleicht durch viele Millionen Jahre hindurch, ehe diese Tierart vor etwa zweieinhalb Millionen Jahren den Weg zum spezifisch Menschlichen beschritt. Auch von diesem Phänomen her stellt sich dann die Frage: was ist unter diesen Bedingungen des Zusammenlebens eigentlich eine Institution, wie kann gerade die Sprache für »Vereinbarungen« eintreten? Die Rede vom Mängelwesen, das nach Ersatz sucht, ist hier sicherlich keine zureichende Antwort.

Rousseau hatte in Paris die wuchernde Zentrale gesehen, die alle Verfallserscheinungen menschlicher Geschichte ins Extrem führte. Heute wendet sich in der Philosophie von Paris die europäische Vernunft gegen sich selbst. So kann Derrida jenen Heidegger radikalisieren, der die Geschichte Europas als eine einzige Katastrophe faßte: die Menschen blickten auf die Ideen, um von ihnen her das, was ist, in den Griff zu bekommen; dieses vorstellende Denken setzt sich neuzeitlich in der Selbstgewißheit fest, die sich als Wille zur Macht enthüllte. Das Drängen auf das Präsente ist nach Derrida nicht nur Logozentrismus, sondern auch Phonozentrismus: die Stimme hört sich

selbst, schließt sich ganz in ihre eigene Präsenz ein, unterwirft dem Ideen-
blick das Zeichen, vor allem die Schrift, die etwas äußerlich Einbrechendes,
Exterritoriales ist. Dagegen macht Derrida geltend: die Verräumlichung zum
Nebeneinander, wie sie der Schrift eignet, das Einbrechen von außen her,
gehört zu den Zeichen-Systemen, die jedem einzelnen Zeichen durch Entgegensetzung und Unterscheidung eine Bedeutung geben. Dieses System ist
jedoch Struktur, verwurzelt in der gelebten Zeit. Derrida postuliert sogar so
etwas wie eine umfassende Kultur-Graphologie, die alles Geschriebene über
den »Ausdruck« mit dem unmittelbaren Leben verbindet und unter dem
Namen der Stilgeschichte ja seit langem bekannt ist. Derrida macht aber auch
darauf aufmerksam, daß Geschriebenes testamentarisch über einen Bruch
hinweg einer anderen Zeit übermittelt werden kann. Ein letztes, umfassendes
System der Bedeutungen und Zeichen ist nicht gegeben, sondern nur jeweilig
faßbar in einer Spur. *Den* Ursprung gibt es überhaupt nicht, sondern nur eine
Mannigfaltigkeit, die zur Einheit drängt, aber allenfalls eine lebendig sich
wandelnde Mitte erreicht.

Die klassische Philosophie der Idee oder Substanz war ebenso ein Mißver-
ständnis wie die neuzeitliche Philosophie einer letzten Selbstgewißheit. Die
Spur, die sich einschreibt, führt dazu, die Schrift als Inschrift so anzusetzen,
daß eher die gesprochene Sprache von ihr herkommt als umgekehrt die
Schrift der Sprache nachfolgt. Doch diese Rede von der Schrift könnte auch
nur eine Metapher sein für etwas Ursprüngliches, dessen Pluralität sich
entzieht. Die polemische Behauptung, die Stimme, die sich selbst höre,
schließe in eine verfügbare Präsenz ein, verkennt doch wohl, daß die
Stimmen, wie die Menschen sie etwa seit den frühesten Zeiten in der Nacht
hören, sich immer auch entziehen. Der französische Phänomenologe
Levinas, mit dem Derrida sich vielfach auseinandersetzt, hat denn auch die
Sprache auf das Gespräch bezogen, in dem der andere sich in die Andersheit
entziehen kann. Er hat an den Fremden erinnert, der an meiner Tür anklopft
und zu Gast sein kann, ohne »heimisch« zu werden. Diese Andersheit des
Fremden setzt freilich voraus, daß ich ein Haus habe und eine »Ökonomie«,
in die ich dann auch jemanden zu Gast laden kann. Doch Haus und *Oikos*
sind nichts Letztes, und so kann auch die Sprache nicht nur Haus des Seins
sein. Selbst Wilhelm von Humboldt, der das Sprechen als Miteinandersprechen und so als Aufbau einer gemeinsamen Weltansicht verstand, hat zuge-
standen, daß der andere in seiner Andersheit mir abgründig fremd bleiben
und gerade durch das Miteinandersprechen fremder werden kann. Wer
dieselbe Sprache spricht, braucht sich nicht zu verstehen; wer verschiedene
Sprachen spricht, kann sich verstehen und konkret »übersetzen«. Die
Wissenschaft kann im abstrahierenden Rückblick die gemeinsame Weltansicht einer Sprachgemeinschaft herausarbeiten; damit aber wird Sprache
nicht zur Weltansicht, die sich in sich einschließt, und nicht zum Haus,

sondern allenfalls zu einer Fülle von Häusern, zwischen denen die Kommunikation hin und her geht.

Als Martin Heidegger 1927 in »Sein und Zeit« die umfassende Strukturbestimmung für die Konstitution des Daseins nicht Artikulation nannte (wie es zum Beispiel die Diltheysche Tradition nahegelegt hätte), sondern Rede und Sprache, begab sich die Philosophie auf den Weg gefährlicher Einseitigkeit. Der Protest war sofort zur Stelle: im gleichen Jahrbuch, in dem Heideggers fragmentarische Arbeit erschien, stellte Oskar Becker die Frage, wie es sich denn mit der Mathematik verhalte; die Dimension des Ästhetischen wurde ebenfalls in die Diskussion eingebracht. Wenn die Offenheit des Daseins überhaupt »Sprache« sein soll, wie läßt sich dann Gesagtes noch verifizieren? Mag es jene Unmittelbarkeit des Erkennens kaum geben, die wir gern mit der Evidenz des Sehens verbinden, so gibt es unterschiedliche Weisen, eine Offenheit zu artikulieren, zum Beispiel Sprache, Schrift als Inschrift, aber auch experimentierendes Handeln. So kann die eine Weise der Weltoffenheit von der anderen her geprüft werden, und Kritik ist möglich. Seitdem Scheler nach der Stellung des Menschen im Kosmos fragte, sprach man dem Menschen mit der umweltlichen Eingebettetheit zugleich und vor allem eine Weltoffenheit zu. Die Philosophie kann nicht sagen wollen, wie diese Offenheit in der Frühgeschichte aufbrach; aber sie kann sensibel für diese Frage machen, indem sie Weltorientierung nicht einseitig und vorschnell auf die gesprochene Sprache festlegt.

Spur, Wort und Bild

Fragen wir nun, ob die Wendung der phänomenologischen Philosophie von der Sprache zur Inschrift und vom Haus zur Offenheit für den anderen in der Erfahrung der Dichter eine Parallele hat, dann geraten wir auf ein unabsehbares Meer. Natürlich kann etwa Thornton Wilder in seinen Dramen uns mit unseren heutigen Problemen zusammensehen mit den Tieren einer neuen Eiszeit, damit mit unserer Evolution aus den anderen Kreisen des Lebendigen. Soll man nach Literatur suchen, die historisch-archäologische Forschung popularisierend umsetzt, etwa nach Barbara von Bellingens »Tochter des Feuers«, diesem »Roman aus der Morgendämmerung der Menschheit« (1983)? Dort gewinnt die Dame von Brassempouy Stimme, also jener zwei Fingerbreit hohe Frauenkopf aus der Zeit vor dreißigtausend Jahren, der dem Musée des Antiquités nationales in Saint-Germain-en-Laye bei Paris so wichtig ist, daß man sein Bild auf den Umschlag des Museumsführers setzte. Die angebliche Neandertalerin geriet nach der Abschlachtung ihrer Sippe durch den blonden und blauäugigen *homo sapiens* unter die neuen Menschen und vermittelte diesen nicht nur die Kenntnis von Heilkräutern, sondern auch schon die künstliche Atmung bei Halbertrunkenen.

Dürfen wir aber voraussetzen, diese Dame habe schon so druckreif gesprochen, daß ihre Lebenserzählung ein ganzes Taschenbuch füllen konnte? Wenn ein genuiner Erzähler wie Hans-Erich Nossack das Evolutionsproblem aufgreift, dann spielt er die Dinge ganz ins Symbolische und Phantastische hinüber — ein Fisch geht ans Land, um unter furchtbaren Qualen Mensch zu werden...

Um kurz bleiben zu können, will ich ein Beispiel aus der Lyrik aufgreifen, die sich ja zu kleinen übersehbaren Gebilden auskristallisiert. Die Lyrik gilt als eine Kunst, die in exemplarischer Weise modern und avantgardistisch ist; Mallarmé hat schon im letzten Jahrhundert das Gedicht zum absoluten Gedicht machen wollen, und dieses absolute Gedicht konnte dann nur ein Gedicht ohne spezifisch »humanen« Inhalt sein — vielleicht gar ein leeres Buch mit weißen Seiten. Für eine Dichtung dieser Art muß es belanglos sein, wie einmal Schrift und Sprache entstanden sind, denn das wäre in jedem Fall bloßer Ausgangspunkt, nicht das Ziel, um das es geht. Anders aber steht es um eine Lyrik, die den absoluten Anspruch Mallarmés in seinem Scheitern aufnimmt und auf die spezifischen Erfahrungen des heutigen Menschen bezieht. Machen uns die ungeheuren Opfer, die dem Menschen auf seinem Weg in eine gemeinsame Weltzivilisation zugemutet werden, nicht hellsichtig für die Opfer, die dem Menschen in der Eiszeit abverlangt wurden? Was bedeutet es, daß auch diese frühen Menschen schon ritzten und schabten, ja die Höhlenbilder zeichneten? Celans Gedichtband »Lichtzwang« beginnt mit einem Zyklus, der unter dem Titel »Schwarzmaut« mit Graphiken von Celans Gattin veröffentlicht wurde. Gleich im dritten Gedicht »Muschelhaufen« sieht der Dichter sich mit dem abschmelzenden Eis zurückgehen in die »Eisheimat«: Lebensnähe gibt nicht das Meer, sondern die Todeslandschaft des Eises, das im Holocaust auch unser Jahrhundert überzogen hat. Gegen diese Todeslandschaft setzt der Mensch das Ritzen und Schaben, mit dem er seine Geräte, schließlich auch die Felsen überzieht. Es gibt noch keine Schalenurnen (wie in den Bestattungsgebräuchen der Urnengräberzeit), keine Durchbruchscheiben und Sternfußfibeln (wie im späteren, schon hochkomplizierten Handwerk). Im übernächsten Gedicht sieht der Dichter seine Hände, die Gedichte schreiben, mit Mikrolithen gespickt. Diese führen, angesengt von Brandluft, ein Gespräch, und von diesem Gespräch an seinen Händen her sagt der Dichter:

> Ein Zeichen
> kämmt es zusammen
> zur Antwort auf eine
> grübelnde Felskunst.

Die Mikrolithen, diese kleinen Steinchen, kann man auf einen Daumennagel legen. Wurden sie als Harpunenzacken und Pfeilspitzen genutzt oder als schmückender Besatz? Offenbar deuten diese mesolithischen Überreste auf einen Bevölkerungsanstieg mit der entsprechenden neuen Härte der Selbstbehauptung. Wenn sie auf der Hand des Dichters von Brandluft angesengt sind, dann ist nicht nur angespielt auf Tod und Brandbestattung, sondern auch auf die Rauchmale über den Vernichtungslagern unserer Zeit. Kann heutige Kunst aus ihren Erfahrungen heraus eine Antwort geben auf die frühe grübelnde Felskunst? Schwerlich wird sie heute die Todeserfahrung verbinden mit der Beschwörung der Fülle tierischen und der Fruchtbarkeit menschlichen Lebens. Eines der folgenden Gedichte spricht von einem Idol, das heute aber aus »Verlorenem« gegossen wird, zu diesem die »Spur« zu halten sucht. Von einer Wort-Spur spricht ein anderes Gedicht (im Zyklus »Atemkristall«): das Wort verdankt sich der Spur, wie das Leben sie in die Wirklichkeit einschreibt.

Warum wurden Gedichte dieser Art mit Graphiken unter dem Titel »Schwarzmaut« zusammengestellt? Eine Antwort auf diese Frage gibt schon das Gedicht »Lippen, Schwellgewebe« des früheren Bandes »Fadensonnen«. In einer »Du-Nacht« werden dort die Blicke von Du und Ich zu Steilkurvenblicken, die einen schwindelerregenden Abgrund unter sich haben, aber sich an einer »Kommissur« festnähen; dort gibt es »Zufahrtsverbote, Schwarzmaut«. Die Kommissur verbindet als Balken-Kommissur die beiden Großhirnhälften; dabei ist die linke Hirnhälfte mehr für die Abstraktion zuständig, die rechte mehr für das Bildliche. Man kann seinen Kindern die arabischen Zahlen 2 und 4 sowie die römischen Zahlen II und IV vorlegen und um eine paarweise Zuordnung des Zusammengehörigen bitten. Jene, bei denen die linke Hirnhälfte das Übergewicht hat, ordnen dann die arabische 2 und die römische II sowie die arabische 4 und die römische IV zueinander, weil sie vom Abstrakten ausgehen; die Rechtshälftler, die mehr vom Bild ausgehen, ordnen das Arabische zusammen und das Römische. Heftig umstritten blieb natürlich, ob etwa die Frauen mehr den Rechtshälftlern, die Männer mehr den Linkshälftlern zuneigen. Wenn in unserem Gedicht sich eine Graphikerin und ein Lyriker treffen, dann finden sie sich vor der gesuchten Höhe mit Zufahrtsverboten konfrontiert. Zum mindesten seit Lessing soll der Dichter nicht malen, der Maler nicht dichten. Die Maut ist der Wegzoll; Schwarzmaut ist ein Wegzoll, der wie der Schwarzhandel eigentlich verboten ist. Als Buch ist »Schwarzmaut« eine Zusammenstellung von Gedichten und Graphiken, die Zeugnis gibt von der einheitlichen Weltorientierung des Menschen, mag das Zusammenwirken von Bild und Wort auch unter mannigfache Verbote gestellt worden sein.

Auf die Nachbarschaft von Wort und Bild hinweisen, von der eingeschriebenen Spur ausgehen, das heißt nicht, die Bedeutung der Sprache zurückdrängen wollen. In einem berühmten Titel hat Celan vom »Sprachgitter« gesprochen; das ist in der alten Sprechweise, zum Beispiel bei Jean Paul, das

Sprechgitter der Klöster, das zwei Menschen zueinanderführen kann, die auf das Tiefste — vielleicht durch unterschiedliche religiöse Überzeugungen — getrennt sind. So werden sie in Celans Gedicht letztlich durch eine Handvoll Schweigen als Lache am Boden verbunden. Wenn Sprache ein Gitter ist, dann ist im Gitter die Struktur mitzudenken (die ja beim Kristall ausdrücklich Gitter genannt wird). Die Struktur aber ist gebrochen durch den Abgrund zwischen den Menschen. Eines der abschließenden Gedichte des Bandes »Lichtzwang« knüpft mit Meister Eckhart an die Rede des Deuterojesaias an: »Auf werde Licht, Jerusalem«. Das Gedicht versteht Sprache jedoch nicht einfach vom Licht her, sondern als »Finster-Lisene«: vom Haus, dem Gotteshaus, bleibt als Formfragment die Lisene; diese Lisene umfaßt ein bleibend Dunkles, an dem sich alle Form bricht, dem auch das aufbrechende Licht zugehört.

Erreicht das Dichten in einem solchen Gedicht nicht eine religiöse Dimension — zum mindesten in jener freien Weise, durch die die mystische Tradition ausgezeichnet zu sein scheint? Die Dichtung eines einzelnen — das hat Celan immer gewußt — ist jedoch niemals schon Religion, da sie von sich aus niemals erreicht, was Religion tut: Grunderfahrungen verbindlich für Gemeinschaften und Epochen zu stabilisieren. In der Religion geht es — sozusagen innerhalb einer letzten und äußersten »Situation« — darum, überhaupt anzunehmen, was ist, und so kann Religion sich auch bildlos und kunstlos mit der moralischen Sphäre verbinden, die ästhetischen Tendenzen zu den Formqualitäten zurückweisen. Die entmythologisierende Theologie Rudolf Bultmanns hat die Theologie ganz auf das Wort zu stellen und damit zum Beispiel auch Luthers Bestehen auf dem Wort aufzunehmen versucht. Doch für Luther war die Botschaft in Wirklichkeit Wort und Sakrament, mochte auch die Sphäre des Sakramentalen entscheidend reduziert oder korrigiert werden. Als man die Sprache ein Haus des Seins nannte, wurde auch der Charakter der Theologie heftig umstritten, indem man in einem abendländischen Gespräch die verschiedenen Traditionen vergegenwärtigte, die griechische, aber auch die jüdische, die platonische und die ursprünglich christliche usf. Hat man vor anderthalb Jahrtausenden recht daran getan, bei der Aufnahme des Griechischen Religion vom *Logos* her und nicht vom Wort als Mythos her zu fassen?

Welche Vorgaben gehen in die Theologie ein, so daß sie diese nicht nur in den einzelnen Inhalten, sondern schon in ihrem Charakter oder Wesen bestimmen? Heidegger hat relativ späte Begriffe wie »Theologie« und »Religion« verworfen, um von der »Sterblichkeit« aus die Dimension des Heiligen neu zu bestimmen. Demgegenüber hat der französische Phänomenologe Emmanuel Levinas aus den Erfahrungen heraus, die er als litauischer Jude und Emigrant machte, darauf hingewiesen, daß der Tod (auf den Heidegger verwies) immer und gerade in unserer Zeit auch »Mord« sein kann: die

Grunderfahrung, die in die religiöse Dimension des Lebens führt, bricht nicht nur gegenüber dem eigenen Tod auf, sondern vor allem in der Begegnung mit dem anderen, dem wir Raum lassen müssen. Die Rede von Gott bekommt in der Zeit nach Nietzsche einen neuen, auch philosophisch faßbaren Sinn, wenn Gott nicht nur Du ist, sondern Er, der dem einen wie dem anderen Raum läßt und Geschichte dem Gedanken des messianischen Friedens unterstellt. Der japanische Religionsphilosoph Keiji Nishitani – auch er Schüler Heideggers –, sucht in seinem Buch »Was ist Religion?« (1982) umgekehrt auf die Gefahr des jüdisch-christlichen Weltverständnisses aufmerksam zu machen; führt die Betonung der Einmaligkeit des Geschichtlichen nicht auch zu einer Selbstzentrierung, die von einem auserwählten Volk spricht oder »Personalität« in polemischer Ausgrenzung festhält? Nishitani verweist mit der zenbuddhistischen Tradition auf die Erfahrung einer unendlichen Tiefe in der Zeit, in deren leeren Weite oder deren »Nichts« eine Fülle liegt, die uns Sinnerfahrungen zuspielt, aber nicht nur personale Erfahrungen. Nishitani zitiert den Historiker Arnold Toynbee, der in seinem Buch »Wie stehen wir zur Religion?« feststellt, daß Liberalismus und Kommunismus bei aller Gegensätzlichkeit eine gemeinsame Herkunft haben und daß der entscheidende Gegensatz der heutigen Religionen und Ideologien zwischen dem Denken und Glauben westlichen, iranisch-judaischen Ursprungs und den vor- und nachbuddhaischen asiatischen Religionen klaffe. Muß aber die Rede von der linearen Zeit der abendländischen und der zyklischen Zeit der ostasiatischen Welterfahrung nicht eine vorschnelle Verzerrung dessen bleiben, was hier eigentlich auszulegen gewesen wäre?

Immer wieder meint man bei uns, der Buddhismus sei im Grunde überhaupt »atheistisch«; umgekehrt kann man in Ostasien oft ein Befremden gegenüber unseren theologischen Zugriffen nicht unterdrücken. Kann man den Abgrund, von dem Toynbee spricht, nicht auch mit anderen Grundzügen des In-der-Welt-Seins verdeutlichen? Wir hier im Westen kennen zum Beispiel eine sakrale Steinarchitektur, und die Architektur ist uns die Mutter der Künste; das ist in Ostasien anders, wo eher Gartenkunst und Malerei führende Künste sind. Wenn im Chinesischen die Architektur sakrale Bedeutung bekommt, dann als heilige Flurgrenze, als Tor, das auf den Weg bringt. Für uns im Westen ist es dagegen wichtig geworden, daß das Mal sich aufrichtete zur Säule, die Säulen zusammentraten zu Gebilden wie Stonehenge und dem Parthenon, von der Säule die Statue herabstieg und die Mitte des Tempels oder doch den heilsgeschichtlich orientierten Schmuck bildete. So meint das Wort »Gott« bei uns der Etymologie nach das gegossene Bild oder den Angerufenen, nicht die leere Weite, die nach buddhistischer Auffassung nicht durch »Heiliges« verstellt werden darf. So treten das Griechische und das Christliche, so unterschieden sie sein mögen, gemeinsam dem Ostasiatischen gegenüber. Dieser Unterschied aber läßt sich kaum verständlich machen, wenn man nicht die unterschiedlichen Weisen beachtet, in denen der Mensch in den letzten fünftausend Jahren auf dieser Erde seine Seßhaftigkeit ausbaute. Von diesen unterschiedlichen Weisen aus muß man dann auch verdeutlichen, wie die Spur, das Bild und das Wort zur Orientierung in der Welt gehören und den Menschen auszeichnen.

Schrift und Sprache

Dichtung, Mythologie und Religion verknüpfen menschliches Sein mit der Sprache. Seit der Aufklärung fragt man in einer durchaus unmythologischen und auch unbiblischen Weise philosophisch und wissenschaftlich nach dem Ursprung der Sprache. Können wir an diese Traditionen heute noch anknüpfen, wenn wir nach Evolution und Sprache fragen?
Unmittelbar nach dem Zweiten Weltkrieg, in einer Zeit äußerster Unbehaustheit, sprach man von der Sprache als dem Haus des Seins. Die Weltkriege hatten Europa, statt wieder eine Beheimatung vom Geiste her zuzulassen, in die Katastrophe gestürzt; das Vordringen der Technik untergrub in einem anonymen Trend zum Beispiel die alte Vorstellung, das Gotteshaus müsse nach dem Osten hin ausgerichtet werden, da dort das rettende Licht der Sonne aufgehe − einen solchen ausgezeichneten Ort gibt es für die technisch-wissenschaftliche Welt nicht mehr. Kann die Sprache deshalb noch »Haus« genannt werden, wo doch der alte Sinn der Rede vom Haus verloren geht? Sicherlich aber zeichnet der Mensch sich durch das Wunder der Sprache aus. Doch dürfen wir so undifferenziert nach dem Ursprung »der« Sprache fragen? Ist dabei die gesprochene Sprache gemeint oder die »Sprache« in einem weiteren, metaphorischen Sinn genommen, so daß auch die Rede von den Sprachen der Kunst oder der Sprache der Dinge möglich wäre? Schon in den sechziger Jahren zeigte sich so etwas wie ein Konsens zwischen philosophischen Versuchen (etwa von Derrida) und dichterischen (etwa von Celan), zur Sprache die Schrift und Inschrift, zum Wort das Bild eigens hinzuzunehmen. Wenn in der Begegnung der großen Kulturen die religiöse Dimension des Lebens auch von taoistischen und zenbuddhistischen Traditionen her bestimmt wird, dann muß die Frage gestellt werden: hat nicht der Ausgang vom *Logos* als der Ordnung der Dinge oder als einer tätigen Intelligenz (die spricht und sprechen läßt) etwas Einseitiges, darf man nicht auch den Ausgang vom Tao her einbringen − von jenem Weg her, der allenfalls in einer Spur sich zeigt, so daß die Spur, die in die Wirklichkeit eingeschrieben wird, auch als fixierte abzuheben ist, aber auch immer wieder zugunsten des eigentlichen Anfangs aufgebrochen werden muß?

Es wäre sicherlich ganz abwegig, nun statt von *der* Sprache von *der* Schrift zu reden. Wenn Vico fragte, ob Sprache und Schrift nicht gleichursprünglich seien, dann dachte er noch ganz im Rahmen der barocken Archäologie, die über wenige Tausend Jahre nicht hinausreichte. Fasziniert war man allenfalls von den Hieroglyphen, die noch undeutbar schienen. Dagegen gehen wir heute davon aus, daß menschenähnliche Wesen seit vielleicht zwei Millionen Jahren Steine als Werkzeuge gebrauchten, sich damit vom tierischen Eingefügtsein in die Natur durch etwas künstlich Eingeschobenes abhoben. Wie immer diese Wesen lebten — sie gebrauchten nicht nur die allein überlieferten Steine, sie mußten auch Symbolsysteme haben, die in verallgemeinerten Vereinbarungen das Leben der Gemeinschaft regelten. Wenn der Neandertaler, der vor fünfunddreißigtausend Jahren lebte, seine Toten begrub, dann so, daß das Grab für sich selbst so etwas wie eine konkrete Einschreibung in die Wirklichkeit sterblichen Lebens war. Diese Einschreibung war lesbar: sie sagte auch den Lebenden etwas über dieses gewagte, abgehobene Leben, das seine Sterblichkeit erfuhr und sich zu ihr verhielt. Als vor fünfunddreißigtausend Jahren die bildende Kunst einsetzte, konnte sie schließlich auch Zeugnis von dem geben, was durch sich selbst nicht in überlieferten Zeugnissen dokumentiert ist — vom Tanz etwa oder von Tiermasken. Hat diese Kunst, mag sie nun graphisch oder plastisch ausgestaltet sein, in ihrer Fixiertheit nicht eine Nähe zur Schrift? Doch die Rede von »der« Schrift als einer fixierten Einschreibung in die Wirklichkeit bleibt metaphorisch: der aufgerichtete Stein vereinigt als Mal eine Gemeinschaft, aber er ist noch nicht im vollen Sinn Inschrift; die Knotenschrift ist nicht mehr nur Spur, aber auch nicht Schrift im späteren Sinn.

Statt von *der* Sprache oder *der* Schrift zu sprechen, sollten wir von einer Pluralität menschlicher Weltorientierung mittels abgehobener symbolischer Systeme ausgehen. In den frühesten Zeiten könnten die einzelnen symbolischen Orientierungen noch in anderer Weise gewichtet gewesen sein, als sie es heute sind. Es mag sein, daß menschenähnliche Lebewesen sehr früh (und vielleicht auch sehr plötzlich) die Grundzüge jener besonderen Lebensstruktur zeigten, die wir beim Menschen finden. Trotzdem könnte die heutige Vorherrschaft der gesprochenen Sprache, die sich die Schrift unterworfen hat, etwas relativ Spätes sein, das sich erst langsam durchgesetzt hat. Wir sollten nicht in einseitiger Fixierung von der heutigen Situation aus uns der Urgeschichte nähern, damit auch nicht vorschnell und undifferenziert nach dem Ursprung »der« Sprache als der Auszeichnung des Menschen fragen. Man begibt sich auf ein prekäres Feld, wenn man vom Spracherwerb des heutigen Kindes her den Spracherwerb der Menschen der Urgeschichte zu erklären versucht. Sicherlich wird es Parallelen geben — die Nähe zu Gebärde und Geste, die Intensität der Verbindung mit musikalischen Schemata, auch wohl den primären Gebrauch des einen Wortes, dem die Verbindung von Worten zu Sätzen aus Subjekt und Prädikat folgt, usf. Die Situation der Urmenschheit und die Situation des Kindes in der Familie oder familienähnlichen Gemeinschaft sind aber so verschieden, daß sie nicht zu vergleichen sind. Zwar soll Gott, der selber sprach, im Paradies den Menschen gelehrt haben, den Tieren Namen zu geben; in der Wirklichkeit der harten Geschichte kam dem Menschen, der zu sprechen begann, keine Mutter entgegen, die die urtümliche Lautgebärde »ma-ma« auf sich bezog und ihr so Bedeutung gab. Wir wissen nicht, was den Spracherwerb mehr gefördert hat: die Jagd, das Verhältnis von Mutter und Kind oder Mann und Frau, die Gemeinsamkeit in Familie und Gruppe; in jedem Fall mußte Sprache gewonnen werden, ohne daß es schon einen Sprechenden gab, den man nachahmen konnte.

Die Frage nach Evolution und Sprache kann auch heute von der Dichtung und der Theologie oder von philosophischen Überlegungen vergangener Zeiten her gestellt werden. Aber niemand — es sei denn eine Gruppe amerikanischer Fundamentalisten — erwartet mehr von der »Genesis« oder einigen Mythen die Aufklärung dieses Zusammenhangs. Zwar haben wir heute verschiedene Sprachtypen oder Sprachfamilien auf dieser Erde. Wie sie in ihrer Differenziertheit zustande gekommen sind, ob sie überhaupt eine einheitliche geschichtliche Wurzel haben, das kann niemand sagen. Die Sprache der Buschmänner mit Schnalzlauten mag besonders »primitiv« sein; Vermutungen darüber, daß sie an die Nahtstelle von Tier und Mensch heranführe, bleiben interessebedingte Hypothesen. Für eine Forschung, die von Zeugnissen ausgeht, verliert sich der Weg zurück in die Urgeschichte der Sprache sehr schnell im Dunkel — man kommt nicht einmal an die Zeit des neolithischen Seßhaftwerdens wirklich heran, geschweige denn an die Zeit der Höhlen- und Felsbilder. Wie der Neandertaler Sprache hatte, das ist jedoch eine Frage, die empirisch entschieden werden müßte — wenn es für eine Entscheidung nur relevante Zeugnisse gäbe! In jedem Fall müssen wir uns dafür offenhalten, daß es in der Urgeschichte anders zuging als heute — daß auch die symbolischen Systeme noch in einem anderen Verhältnis standen. Auch von den Bereichen der Dichtung, der Theologie und der Philosophie her aber kann man wenigstens eine neue Sensibilität dafür gewinnen, daß der Mensch mit seinem so wunderbaren Sprachbesitz doch in eine Pluralität der Weisen der Weltorientierung eingefügt bleibt.[1]

Wolfgang Böhme

Der Mund der Schöpfung

Vom Weg des Wortes in die Welt

Was ist Sprache, wie ist sie entstanden? Die Bibel sagt darüber nichts aus. Sie setzt Sprache schon voraus, so wie sie Gott voraussetzt. »Und Gott sprach: Es werde Licht! Und es ward Licht« (1. Mose 1, 3), so schildert sie die Erschaffung der Welt vom ersten bis zum sechsten Schöpfungstag. Immer heißt es »Und Gott sprach...«, und immer geschieht, was Gott spricht. Sein Sprechen ist gleichzeitig ein Bewirken. Er »redet nicht grammatische Worte«, schreibt Luther, »sondern wahrhaftige und wesentliche Dinge... Gott hat eine andere Grammatik, nämlich, daß, wenn er sagt: Sonne, du sollst scheinen, die Sonne bald da ist und scheinet«.[1]

So ist Gottes Wort Ursprung und Grund der Welt. In ihm hat die »Erde ... Bestand« (2. Petr. 3, 5). Dabei geht es um sehr viel mehr als ein bloßes Kausalverhältnis. Gott ist nicht wie ein Töpfer am Werk, der den Lehm zur Gestalt formt, das Gefäß fertigstellt und anderen zum Gebrauch übergibt. Er ist nicht eine Erstursache der Welt, die dann nach ihren eigenen Gesetzen und aus eigener Kraft weiterliefe, sondern er bleibt die sie durchwirkende Kraft, ohne die die Schöpfung wieder ins Nichts zurücksinken müßte.

Auch das, was die heutige Naturwissenschaft als »Evolution« beschreibt, entfaltet sich nicht von selbst und aus eigener Kraft. Für die Sicht des Glaubens ist es Gott, der sie in Gang gesetzt hat und in Gang hält. Dabei ist es gleichgültig, ob wir − gemäß den Schilderungen der Bibel − annehmen, daß Gott bei jedem Übergang von einer niederen zu einer höheren Form des Seins einen neuen Anstoß gegeben, ein neues »Wort« gesprochen habe, oder ob wir meinen, daß es sich um eine kontinuierliche Entwicklung handle, die eines je neuen Anstoßes nicht bedürfe, weil sich alles nach einem von Anfang an feststehenden Plan entfaltet. Immer ist es Gott, der Richtung und Ziel gibt, ohne den nichts ist, was ist, ohne den es auch keine Evolution gäbe.

»Lesekunst«

Solche Aussagen haben freilich nur dann einen Sinn, wenn wir uns darauf einlassen, Natur nicht als »Natur«, sondern als »Schöpfung«, als Werk des Schöpfers zu sehen. Die Dinge, die Gott »spricht«, sind nichts als Dinge für den, der sie nur auf das Meßbare und Beweisbare hin untersucht, aber sie sind mehr als Dinge für den, der ihr Geschaffensein durch das Wort Gottes erkennt. Solche Erkenntnis ist freilich keine wissenschaftliche, sondern eine alle Wissenschaft übersteigende, glaubende Erkenntnis. Die gesamte Weltwahrnehmung wird so, wie es der polnische Philosoph Leszek Kolakowski ausgedrückt hat, für den Gläubigen »eine Lesekunst, da die ganze Welt als eine Offenbarung, als Gottes Wort gedeutet werden muß. Die Religion soll die Regeln dieser Übersetzung liefern, ja sie ist nichts anderes als diese Regel. Sie sagt, wie wir das göttliche Wort in den Ereignissen des täglichen Lebens ablesen sollen, sie gibt den Schlüssel, um die Geheimschrift Gottes zu entziffern«.[2]

Nicht nur im Alten, sondern auch im Neuen Testament wird die Erschaffung der Welt mit dem Wort in Verbindung gebracht. Im 1. Kapitel des Johannesevangeliums heißt es:

> Im Anfang war das Wort,
> und das Wort war bei Gott,
> und Gott war das Wort.
> Dasselbe war im Anfang bei Gott.
> Alle Dinge sind durch dasselbe gemacht,
> und ohne dasselbe ist nichts gemacht,
> was gemacht ist.
> (Johannes 1, 1–3)

Auch hier ist es das Wort, durch das die Welt geschaffen ist. Der *Logos*, von dem Johannes spricht, ist allerdings mehr als wir uns unter einem Wort vorstellen. In ihm kommt Gott selber zu uns, wird er Fleisch und läßt seine Herrlichkeit sehen:

> Und das Wort ward Fleisch
> und wohnte unter uns,
> und wir sahen seine Herrlichkeit...
> (Johannes 1, 14)

Jesus Christus selbst ist das sichtbar gewordene Wort Gottes, in dem er sich uns mitteilt und uns den Schlüssel gibt, um die sonst unlesbare Geheimschrift der Welt zu entziffern. Nun erst, an Jesus Christus, seinem Leben und Sterben, seinem Auferstehen, erkennen wir, daß der Grund der Welt Liebe ist, daß sie trotz aller Dunkelheiten und Schrecken nicht den Gesetzen von »Zufall und Notwendigkeit« überlassen ist, sondern einem guten Ende zugeführt wird. »Da werden wir feiern und schauen, schauen und lieben, lieben und preisen«, schreibt Augustinus, »Siehe das wird das Endziel ohne Ende sein. Denn was ist andres unser Ziel, als zu dem Reiche hinzugelangen, das kein Ende hat?«[3]

Auch hier gilt sonach die andere Grammatik Gottes: Indem Gott spricht, bewirkt er etwas, seine Worte sind gleichzeitig Taten, seine Taten sind Worte. Wir vernehmen nicht nur die Botschaft der Liebe Gottes, wir bekommen nicht nur etwas zu hören, sondern auch etwas zu sehen, ja im ersten Johannesbrief heißt es sogar ausdrücklich, daß die Jünger das »Wort des Lebens« »betasten« konnten (1, 1). Die Ereignisse, die die Bibel schildert, sind die großen Schriftzeichen Gottes, mit denen er seine Botschaft in unser Herz schreibt, uns seine väterliche Liebe zusagt und zueignet. Religion ist so in der Tat — eine »Lesekunst«.

Der Reiter auf dem Eselchen

Besonders eindringlich wird dies in den Berichten über Jesu Passion klar. Da heißt es gleich am Anfang über Jesu Einzug in Jerusalem:

Des anderen Tages, da viel Volks, das aufs Fest gekommen war, hörte, daß Jesus käme nach Jerusalem, nahmen sie Palmenzweige und gingen hinaus ihm entgegen und schrien: Hosianna! Gelobt sei, der da kommt in dem Namen des Herrn, der König von Israel! Jesus aber fand ein Eselsfüllen und ritt darauf; wie denn geschrieben steht (Sach. 9, 9): »Fürchte dich nicht, du Tochter Zion! Siehe, dein König kommt, reitend auf einem Eselsfüllen.« Solches aber verstanden seine Jünger zuerst nicht; aber als Jesus verherrlicht ward, da dachten sie daran, daß solches von ihm geschrieben war und man solches ihm getan hatte. Das Volk aber, das mit ihm war, als er Lazarus aus dem Grabe rief und von den Toten auferweckte, rühmte die Tat. Darum ging ihm auch das Volk entgegen, da sie hörten, er hätte solches Zeichen getan. Die Pharisäer aber sprachen untereinander: Ihr sehet, daß ihr nichts ausrichtet; siehe, alle Welt läuft ihm nach!
Johannes 12, 12—19

Lassen wir den Bericht zu uns »sprechen«! Was hören wir, was sehen wir? Wir sehen einen Mann, der auf einem Esel in eine Stadt einreitet. Es ist kurz vor dem Passafest der Juden, und viele Pilger haben sich schon zum Fest versammelt. Sie strömen aus Jerusalem heraus dem Reiter entgegen. Sie sind religiös bewegt, sie haben gehört, er sei ein Wundertäter, der Kranke gesund mache, ja sogar Tote auferwecke. Sie wollen ihm huldigen und seine Hilfe für die eigenen Krankheiten erflehen. Darum grüßen sie ihn mit dem Jubelruf, der beim Einzug eines Königs üblich war: »Hosianna!« — und das heißt auf deutsch: »Hilf doch!«.

Die Szene ist von einer geheimen Spannung durchdrungen. Der, der hier einreitet und den die Menge wie einen König verehrt, der zur Thronbesteigung in die Stadt kommt, *ist* ein König und ist es doch nicht. Er ist kein König, der Macht aufbieten und sich gegen seine Feinde schützen könnte. Er ist ein Verurteilter, das Opfer einer politischen Intrige, ein Mensch auf dem Weg in die Gefangenschaft und zur Hinrichtung.

125

Und er ist doch ein König. Auf eine seltsame Weise macht uns die Geschichte darauf aufmerksam. Das Eselsfüllen, das Eselchen, wie es in einer anderen Übersetzung heißt, weist ihn nämlich als den endzeitlichen Herrscher aus, der alle irdischen Herrscher ablöst. Der Prophet Sacharja hat sein Kommen vorausgesagt, und der Text des Berichtes weist ausdrücklich auf diese Prophezeiung hin:

> Du, Tochter Zion, freue dich sehr,
> und du, Tochter Jerusalem, jauchze!
> Siehe, dein König kommt zu dir,
> ein Gerechter und ein Helfer,
> arm und reitet auf einem Esel,
> auf einem Füllen der Eselin.
> Sacharja 9, 9

Die Könige der Erde reiten auf Schlachtrossen und fahren in Kriegswagen. Ihre Macht ist trotzdem begrenzt und ihre Herrschaft hat ein Ende. Der Reiter auf dem Eselchen scheint eher lächerlich zu sein, ein »Ritter von der traurigen Gestalt«. In Wirklichkeit aber ist es der von Gott Gesandte, dem alle Gewalt im Himmel und auf Erden übergeben wird. Die Masse, die ihm zujubelt, verkennt die Art seines Königtums, indem sie ihn für einen Herrscher nach Art der irdischen Herren hält. Aber ihr »Hosianna« drückt doch die eigentliche Wahrheit aus, so wie die Überschrift auf dem Kreuz, »Jesus von Nazareth, der Juden König«, seine Hoheit richtig angeben wird. Dieser verfolgte und scheinbar so ohnmächtige Mann auf dem ein wenig lächerlichen Reittier ist der König von Israel, ja, der Herr der Welt und Richter der Lebenden und der Toten.

Wir merken, wie Gott in dieser Geschichte zu unserem Herzen redet; nicht mit den Worten des Berichtes allein, der uns überliefert ist, sondern eben durch das Geschehen selbst, das berichtet wird und uns so deutlich vor Augen tritt. Ob es auch damals schon Menschen gab, die diese Sprache verstanden? Ob sich einige von denen, die ihm ihr »Hosianna« entgegenriefen, beim Kreuz einfanden, ihm treu blieben, als es sich zeigte, daß er nicht einmal sich selber, geschweige denn anderen zu helfen vermochte? Wir wissen es nicht; aber viele werden es nicht gewesen sein. »Er kam in sein Eigentum«, so beschreibt Johannes den Weg des Wortes in die Welt »und die Seinen nahmen ihn nicht auf« (Joh. 1, 11).

Wort und Antwort

Jesus reitet auch noch durch unsere Zeit — das Wort, das Fleisch geworden ist, in dem Gott die Botschaft seiner Liebe und Erbarmen sichtbar macht. Die Botschaft scheint zunächst ungehört zu verhallen, dann aber finden sich einige hinzu, entschließen sich zur Nachfolge, bekennen sich zu diesem

Jesus, wollen seine Jünger sein. »Wie viele ihn aber aufnahmen«, so setzt Johannes den soeben zitierten Vers fort, »denen gab er Macht, Gottes Kinder zu werden, die an seinen Namen glauben...« (Joh. 1, 12). Da hören wir von den Frauen, die in der Nähe des Kreuzes stehen, und von dem Jünger Johannes, der als einziger der Jünger bei ihnen geblieben ist. Da läßt sich Joseph von Arimathia den Leichnam Jesu geben und stellt ein Grab zur Verfügung, da bringt Nikodemus, der Jesus zur Nacht besuchte, Myrrhe und Aloe, damit er bestattet werden kann, und der Hauptmann der römischen Mannschaft, der das Kreuz bewacht, sagt: »Wahrlich, dieser ist Gottes Sohn gewesen!« Und da gibt es diesen Verbrecher am Kreuz neben ihm, der das wahre Königtum Jesu erkennt und ihn bittet: »Jesus, gedenke an mich, wenn du in dein Reich kommst!«, und Jesus antwortet ihm: »Wahrlich, ich sage dir: Heute wirst du mit mir im Paradiese sein« (Luk. 23, 42 f.).

So gibt es schon damals Menschen, die sich um ihn scharen und zu ihm halten, und es werden immer mehr, wenn Ostern angebrochen ist und Pfingsten kommt, wenn der Geist Gottes die Menschen erkennen läßt, wer dieser Jesus war und was Gott mit ihm vor hatte. Die Jünger gewinnen neuen Mut, Gemeinden werden gegründet, der Strom derer, die Jesus nachfolgen, wird immer größer. Keine Menschen sind das, die vollkommen oder perfekt wären, sondern Sünder, Elende, Arme und Kranke. Leute eben, wie sie hinter einem König hergehen, der auf einem Esel reitet. Aber sie haben eines gemeinsam, daß sie erkannt haben, daß dieser Jesus für sie gestorben ist und ihnen den Weg in Gottes Reich, in das »Paradies« geöffnet hat.

Nun ist der Pilgerzug bei uns angelangt. Was tun wir? Nehmen wir diesen König auf, folgen wir ihm nach oder versagen wir uns ihm, bleiben wir beiseite?

Der König auf dem Eselchen — in ihm spricht Gott sein gnädiges Wort, offenbart er, was er mit der Welt vorhat, welchem Ziel er sie zuführt. Wir stehen nicht anonymen Mächten gegenüber, einer stummen, gefühllosen Natur, wir sind nicht »allein in der abgründigen Tiefe des Kosmos... Gewordene, Herausgeworfene, ...durch unsere Triebe Getriebene«[4], uns steht ein Du gegenüber, das Du Gottes in Jesus Christus, das sich uns zuwendet und an das wir uns wenden können.

Was immer es mit der Evolution auf sich haben mag, wie immer in ihr die Sprache entstanden sein mag, hier kommt alles zu seinem Ziel. Gott will sich äußern. Er tut es in Jesus Christus, dem Wort seiner Liebe an uns. Wir dürfen uns in den Zug einreihen, der Jesus nachfolgt, wir dürfen mit den andern »Hosianna!« rufen. Wir tun dies nicht nur für uns selbst, sondern für die ganze Schöpfung, für alle Kreatur, die auf Erlösung und Befreiung hofft (Röm. 8, 18 ff.). Wenn wir so rufen, tritt die Sprache in ihre höchste Möglichkeit ein: der Mensch hat sie erhalten, um Mund der Schöpfung zu sein, um Gott zu loben, seinem »Wort« in Christus zu antworten.

Anmerkungen

Frühmensch und Sprache

1 Übersicht über die ältere Steinzeit: K. J. Narr (Hg.), Handbuch der Urgeschichte. 1. Band, Ältere und mittlere Steinzeit, Bern und München 1966.
2 G. Smolla, Epochen der menschlichen Frühzeit, Freiburg i. Br. und München 1967.
3 Abwägend J. Wind in: D. Ferembach (Hg.), Les processus de l'hominisation, Paris 1981.
4 K. J. Narr in: W. Böhme (Hg.), Freiheit in der Evolution (Herrenalber Texte 57), Karlsruhe 1984.
5 C. K. Brain, The Hunters or the Hunted?, Chicago und London 1981.
6 Vgl. K. J. Narr, a. a. O., (wie Anm. 4).
7 K. J. Narr, »Australopithecinen« und älteste Geröllindustrien, in: Germania 32 (1954) S. 315–318.
8 Z. B. Definition von Y. Coppens in: D. Ferembach, a. a. O., (wie Anm. 3) und ergänzende Bemerkungen ebd., S. 68.
9 So der Entdecker R. A. Dart, The Predatory Transition from Ape to Man, in: Internat. Anthropol. and Linguistic Review 1 (1953) S. 201–219.
10 Deutlich R. Potts, Home Bases and Early Hominids, in: American Scientist 79 (1984) S. 338–347; vgl. auch Potts in: R. Foley, a. a. O., (wie Anm. 11).
11 Vgl. K. J. Narr, a. a. O., (wie Anm. 4); J. A. J. Gowlett, Mental Abilities of Early Man: A Look at some Hard Evidence, in: R. Foley (Hg.), Hominid Evolution and Community Ecology, London u. a. 1984.
12 K. J. Narr, a. a. O., (wie Anm. 4).

Biologische Wurzeln der ersten Kommunikation
Literaturverzeichnis

Busnel, R. G. und Classé, A. (1976), Whistled languages, Berlin.

Cranach, M. von, Foppa, K., Lepenies, W. und Ploog, D. (Hg.) (1979), Human ethology: Claims and limits of a new discipline, Cambridge, England.

Frisch, K. von (1965), Tanzsprache und Orientierung der Bienen, Berlin.

Haith, M. M. und Campos, J. H. (Hg.) (1983), Infancy and developmental psychobiology. Bd. 2 von P. H. Mussen (Hg.), Handbook of child psychology, 4.Aufl., New York.

Jespersen, O. (1922), Language: Its nature, development, and origin, London.

Köhler, W. (1927), The mentality of apes, New York.

Lenneberg, E. H. und Lenneberg, E. (Hg.) (1975), Foundation of language development. A multidisciplinary approach, Bd. 1, New York.

Papoušek, H. (1977), Entwicklung der Lernfähigkeit im Säuglingsalter, in: G. Nissen (Hg.), Intelligenz, Lernen und Lernstörungen, Berlin, S. 89–197.

Papoušek, H. und Papoušek, M. (1983), The psychobiology of the first didactic programs and toys in human infants, in: A. Oliverio (Hg.), The behavior of human infants, New York, S. 219–240.

Papoušek, H. und Papoušek, M. (1984), Learning and cognition in the everyday life of human infants, in: J. S. Rosenblatt, C. Beer, M.-C. Busnel und P. J. B. Slater (Hg.), Advances in the study of behavior, Bd. 14, New York, S. 127–163.

Papoušek, H., Papoušek, M. und Giese, R. (1984), Die Anfänge der Eltern-Kind-Beziehung, in: V. Frick-Bruder und P. Platz (Hg.), Psychosomatische Probleme in der Gynäkologie und Geburtshilfe, Berlin/Heidelberg, S. 187–204.

Papoušek, M. und Papoušek, H. (1981), Musical elements in the infant's vocalization: Their significance for communication, cognition, and creativity, in: L. P. Lipsitt und C. K. Rovee-Collier (Hg.), Advances in infancy research, Bd. 1, Norwood, NJ, S. 163–224.

Remschmid, H. und Schmidt, M. (Hg.) (1981), Neuropsychologie des Kindesalters, Stuttgart.

Scherer, K. R. (Hg.) (1982), Vokale Kommunikation. Nonverbale Aspekte des Sprachverhaltens, Weinheim.

Tolman, E. C. (1932), Purposive behavior in animals and men, New York.

Wilson, E. O. (1975), Sociobiology. The new synthesis, Cambridge, Mass.

* *Mit dankenswerter Unterstützung durch die Deutsche Forschungsgemeinschaft (Az.: Pa 208/4–2); Copyright: Hanuš Papoušek und Mechthild Papoušek.*

Die Entwicklung der Sprache im Leben des Kindes
Literaturverzeichnis

Bruner, J. S. (1975), The ontogenesis of speech acts, Journal of Child Language 2, S. 1–19.

Ferguson, C. A. (1964), Baby talk in six languages, American Anthropologist 66, S. 103–114.

Fernald, A. und Simon, T. (1984), Expanded intonation contours in mothers' speech to newborns, Developmental Psychology 20, S. 104–113.

Friedlander, B. Z., Jacobs, A. C., Davis, B. B. und Wetstone, H. S. (1972), Time-sampling analysis of infants' natural language environments in the home, Child Development 43, S. 730–740.

Herzka, H. S. (1979), Gesicht und Sprache des Säuglings, Basel/Stuttgart.

Jakobson, R. (1941), Kindersprache, Aphasie und allgemeine Lautgesetze, Uppsala.

Kessen, W., Levine, Z. und Wendrich, K. A. (1979), The imitation of pitch in infants. Infant Behavior and Development 2, S. 93–99.

Lenneberg, E. H. (1967), Biological foundations of language, New York.

Lewis, M. M. (1936), Infant speech: A study of the beginnings of language, New York.

Lieberman, P., Crelin, E. S. und Klatt, D. H. (1972), Phonetic ability and related anatomy of the newborn and adult human, Neanderthal man, and the chimpanzee, American Anthropologist 74, S. 287–307.

Oller, D. K. (1980), The emergence of the sounds of speech in infancy, in: G. H. Yeni-Komshian, J. F. Kavanagh und C. A. Ferguson (Hg.), Child phonology, Vol. 1, Production, New York, S. 93–112.

Papoušek, M. (1981), Die Bedeutung musikalischer Elemente in der frühen Kommunikation zwischen Eltern und Kind, Sozialpädiatrie in Praxis und Klinik 3, S. 412–415, 468–473.

Papoušek, M. (1984 a), Psychobiologische Aspekte des Schreiens im frühen Säuglingsalter, Sozialpädiatrie in Praxis und Klinik 6, S. 517–526.

Papoušek, M. (1984 b), Wurzeln der kindlichen Bindung an Personen und Dinge: die Rolle der integrativen Prozesse, in: C. Eggers (Hg.), Kind und Besitz, München, S. 155–184.

Papoušek, M. (1985), Umgang mit dem schreienden Säugling, Sozialpädiatrie in Praxis und Klinik 7, S. 294–300.

Papoušek, M. und Papoušek, H. (1981), Musical elements in the infant's vocalizations: Their significance for communication, cognition, and creativity, in: L. P. Lipsitt (Hg.), Advances in infancy research, Vol 1, Norwood, N. J., S. 163–224.

Papoušek, M., Papoušek, H. und Bornstein, M. H. (1985), The naturalistic vocal environment of young infants: On the significance of homogeneity and variability in parental speech, in: T. M. Field und N. Fox (Hg.), Social perception in infants, Norwood, N. J., S. 269—297.

Rheingold, H. L. und Adams, J. L. (1980), The significance of speech to newborns, Developmental Psychology 16, S. 397—403.

Snow, C. E. (1977), The development of conversation between mothers and babies, Journal of Child Language 4, S. 1—22.

Stark, R. E. (1980), Stages of speech development in the first year of life, in: G. H. Yeni-Komshian, J. F. Kavanagh und C. A. Ferguson (Hg.), Child phonology, Vol. 1, Production, New York, S. 73—92.

Stern, D. N. (1978), Mutter und Kind. Die erste Beziehung, Stuttgart.

* Mit dankenswerter Unterstützung durch die Deutsche Forschungsgemeinschaft (Az.: Pa 208/4—2), Copyright: Hanuš Papoušek und Mechthild Papoušek.

Sprachursprung und Spracherwerb

1 Vgl. dazu: A. Borst, Der Turmbau von Babel. Geschichte der Meinungen über Ursprung und Vielfalt der Sprachen und Völker, 4 Bde., Stuttgart 1957—1963; G. Révész, Ursprung und Vorgeschichte der Sprache, Bern 1946; G. W. Hewes, Abridged bibliography on the origin of language, in: R. W. Wescott (ed.), Language origins, Silver Spring 1974, S. 239—286.

2 Berlin 1772; Stuttgart 1966 (Hg. H. D. Irmscher), [= Ursprung der Sprache].

3 Vgl. J. G. Herder, Ursprung der Sprache, a. a. O., S. 33.

4 Vgl. dazu das Nachwort des Herausgebers zu Herders Abhandlung über den Ursprung der Sprache, a. a. O., S. 137—175; ferner M. Krüger, Der menschlich-göttliche Ursprung der Sprache. Bemerkungen zu Herders Sprachtheorie, Wirkendes Wort 17 (1967) S. 1—11, u. M. Lauchert, Die Anschauungen Herders über den Ursprung der Sprache, ihre Voraussetzungen in der Philosophie seiner Zeit und ihr Fortwirken, Euphorion 1 (1984) S. 747—771.

5 Vgl. J. G. Herder, Sprachphilosophische Schriften, Aus dem Gesamtwerk ausgewählt, mit einer Einleitung, Anmerkungen und Registern versehen von E. Heintel, Hamburg 1960, S. 234, Anm. 10, zitiert nach F. Lauchert, Die Anschauungen Herders über den Ursprung der Sprache, Euphorion 1 (1894) S. 747 ff.

6 Die Etymologie des Wortes Schaf ist ungeklärt. Vgl. dazu F. Kluge, Etymologisches Wörterbuch der deutschen Sprache, 20. Aufl. bearbeitet von W. Mitzka, Berlin 1967, Stichwörter Lamm, Schaf sowie J. Trier, Wege der Etymologie (Hg. H. Schwarz), Berlin 1981, S. 43 f.

7 Vgl. J. G. Herder, Ursprung der Sprache, a. a. O., S. 36.

8 Vgl. dazu: E. Heintel (Hg.), Johann Gottfried Herder, Sprachphilosophische Schriften, Hamburg [2]1975, Einleitung XV—LVII; B. Liebrucks, Sprache und Bewußtsein. Bd. 1: Einleitung und Spannweite des Problems, Frankfurt a. M. 1964, I. Herders Ansatz, S. 43—78; J. Lohmann, Philosophie und Sprachwissenschaft, Berlin 1965, S. 60 ff., 129 f., 161 f.

9 Vgl. H. Steinthal, Der Ursprung der Sprache im Zusammenhang mit den letzten Fragen alles Wissens, Berlin 1851, [4]1888, Nachdruck Hildesheim/New York 1974.

10 Vgl. A. Beiser u. die Redaktion von LIFE, Die Erde. Life. Wunder der Natur, Niederlande [o. O.], Time-Life International 1967, S. 35, u. H. Gipper/P. Schmitter, Sprachwissenschaft und Sprachphilosophie im Zeitalter der Romantik, Tübingen 1979, S. 63 f.

11 Vgl. dazu: B. Rensch, Das universale Weltbild. Evolution und Naturphilosophie, Frankfurt a. M. 1977, Kap. 3: Geschichtliche Entwicklung der Erkenntnis einer Stammesentwicklung der Lebewesen, S. 25−31.

12 Ed. with an introduction by J. W. Burrow (1859), Harmonworth 1970; Deutsche Übersetzung von C. W. Neumann (Nachwort von G. Heberer), Die Entstehung der Arten durch natürliche Zuchtwahl, Stuttgart 1981.

13 Die wissenschaftsgeschichtlich wichtige Tatsache, daß Wallace unabhängig von Darwin zum gleichen Theorieansatz gekommen ist, aber bereitwillig die umfassendere Theorie Darwin zuerkannte, ist in allen einschlägigen Darstellungen belegt. Deshalb kann hier der Hinweis auf die Darstellung von J. Hemleben, Charles Darwin in Selbstzeugnissen und Bilddokumenten, Reinbek bei Hamburg 1983, genügen.

14 Vgl. hierzu J. Hemleben, Charles Darwin, Reinbek bei Hamburg 1968 (rororo-Bildmonographien, 137) und W. v. Wyss, Charles Darwin. Ein Forscherleben, Zürich/Stuttgart 1958.

15 Vgl. A. Moorehead, Darwins große Reise, Aus dem Englischen von H.-H. Henschen, Köln-Lövenich 1982, (Edition Maschke).

16 Deutsche Übersetzung: Eine Abhandlung über das Bevölkerungsgesetz, Jena 1925.

17 Vgl. F. Darwin/A. C. Seward (Hgg.), More letters of Charles Darwin, London, Bd. I, S. 114, Anm. 2.

18 Vgl. Ch. Darwin, The origin of species…, a. a. O., S. 458.

19 Vgl. dazu: G. R. Taylor, Das Geheimnis der Evolution, Frankfurt a. M. 1983, S. 14 und 52.

20 Frankfurt a. M. 1983.

21 So endet der letzte Satz in Darwins Hauptwerk, The origin of species, mit den Worten: »…endless forms most beautiful and most wonderful have been, and are being evolved«, a. a. O., S. 460.

22 Vgl. dazu: Ch. Darwin, The origin of species…, a. a. O., S. 116.

23 H. Spencer gebrauchte diesen Ausdruck in seinem Buch »The principles of biology« (1864), vgl. den Nachdruck der Ausgabe von 1898, Osnabrück 1966, Bd. 1, S. 530 f., § 165. Dort heißt es: »This survival of the fittest, which I have here sought to express in mechanical terms, is which Mr. Darwin has called ›natural selection‹ or the preservation of the favoured races in the struggle for life«.

24 Vgl. Ch. Darwin, The formation of vegetable mould, through the action of worms, with observation on their habits, London 1881. Deutsche Übersetzung von J. V. Carus, Die Bildung der Ackererde durch die Tätigkeit der Würmer mit Beobachtungen über deren Lebensweise, Stuttgart 1881, (Gesammelte Werke, 14, 1. Abt.).

25 Vgl. H. W. Koch, Der Sozialdarwinismus. Seine Genese und sein Einfluß auf das imperialistische Denken, München 1973.

26 Vgl. zum folgenden: H. Gipper, Die Sonderstellung der menschlichen Sprache gegenüber den Verständigungsmitteln der Tiere, Mitteilungen der Berliner Gesellschaft für Anthropologie, Ethnologie u. Urgeschichte, 5 (1977) S. 26−67, dort auch weitere einschlägige Literaturangaben [= Die Sonderstellung der menschlichen Sprache].

27 Vgl. R. E. Leaky/R. Lewin, Wie der Mensch zum Menschen wurde, Neue Erkenntnisse über den Ursprung und die Zukunft des Menschen, Hamburg 1978, bes. Kap. 3: Die Wurzeln der Menschheit, S. 34 ff.

28 Vgl. zum folgenden: D. Starck, Stammesgeschichtliche Voraussetzungen der Entwicklung der menschlichen Sprache, Nova Acta Leopoldina, N. F., Nr. 245, Bd. 54 (1981) S. 581−596; ders., Die Stellung der Hominiden im Rahmen der Säugetiere, in: G. Heberer (Hg.), Die Evolution der Organismen, Bd. III: Phylogenese der Hominiden, Stuttgart ³1974, S. 1−131.

29 Vgl. G. Heberer, Homo − unsere Ab- und Zukunft. Herkunft und Entwicklung des Menschen aus der Sicht der aktuellen Anthropologie, Stuttgart 1968, S. 43 ff.

30 Vgl. dazu: H. Wendt, Der Affe steht auf. Eine Bilddokumentation zur Vorgeschichte des Menschen, Bes. 2. Teil, Künstler der Eiszeit, Reinbek bei Hamburg, S. 85—146.

31 Vgl. dazu R. V. S. Wright, Imitative learning of a flaked stone technology — The case of an Orangutan, Mankind 8 (1972) S. 296—306.

32 Vgl. J. van Lawick-Goodall, Wilde Schimpansen. Zehn Jahre Verhaltensforschung am Gombe-Strom, Reinbek bei Hamburg 1971.

33 Vgl. W. v. Humboldt, Über die Verschiedenheit des menschlichen Sprachbaues und ihren Einfluss auf die geistige Entwicklung des Menschengeschlechts (1830—35), Gesammelte Schriften, Akademieausgabe von Leitzmann, Nachdruck Berlin 1968, VII, S. 46.

34 Tübingen 1984; 1. 3. 2. Sprache versus tierische Kommunikation unter dem Blickwinkel phylogenetischer Verwandtschaft, S. 20 ff.

35 Vgl. W. v. Humboldt, Ueber die Verschiedenheit des menschlichen Sprachbaues... Gesammelte Schriften, a. a. O., VII, S. 70 und VII, S. 176.

36 Vgl. H. Gipper, Die Sonderstellung der menschlichen Sprache gegenüber den Verständigungsmitteln der Tiere, Mitteilungen der Berliner Gesellschaft für Anthropologie, Ethnologie und Urgeschichte, 3 (1975) S. 26—67.

37 Vgl. W. v. Humboldt, Ueber die Verschiedenheit des menschlichen Sprachbaues... Gesammelte Schriften, a. a. O., VII, S. 53.

38 Eindrucksvoll ist dies nachzuverfolgen in L. Nilsson (u. a.), Ein Kind entsteht. Bilddokumentation über die Entwicklung des Lebens im Mutterleib, München 1982.

39 Vgl. J. Hemleben, Ernst Haeckel in Selbstzeugnissen und Bilddokumenten. Reinbek bei Hamburg 1965, (Rowohlts Monographien, 99), bes. S. 76 f.

40 Vgl. E. Blechschmidt, Wie beginnt das menschliche Leben. Vom Ei zum Embryo, Stein a. Rhein [5]1984, bes.: Der Irrtum des sog. Biogenetischen Grundgesetzes, S. 55—59.

41 Vgl. dazu: D. Stark, Embryologie. Ein Lehrbuch auf allgemein biologischer Grundlage, Stuttgart [3]1975, bes. VII, Ontogenese und Phylogenese. Über funktionelle Anpassung in der Embryonalzeit, S. 340—343.

42 Vgl. B. Marquardt, Die Sprache des Menschen und ihre biologischen Voraussetzungen, a. a. O., 1. 6. Der menschliche Säugling als physiologische Frühgeburt, S. 162—177.

43 Vgl. dazu: E. H. Lenneberg, Biologische Grundlagen der Sprache, Frankfurt a. M. 1972, S. 198—223, mit aufschlußreichen Abbildungen, S. 201 f.

44 Vgl. G. Tembrock, Signalsysteme der Primaten, Nova Acta Leopoldina, N. F., Nr. 245, Bd. 54 (1981) S. 505—517.

45 Vgl. R. Stopa, Die Schnalze. Ihre Natur, Entwicklung und Ursprung. Kraków (Krakau) 1935, ders., Evolution der Sprache, Nova Acta Leopoldina, N. F., Nr. 218, Bd. 42 (1975) S. 355—375.

46 Vgl. dazu: J.-H. Scharf, Os incae, Blutgruppe 0 und boreische Sprachverwandtschaft, Anatomischer Anzeiger 150 (1981) S. 175—211.

47 Vgl. dazu: R. Stopa, Structure of Bushman and its traces in Indo-European, London 1972, S. 65 f. und O. Köhler, Les langues khoisan, in: J. Perrot (dir.), Les langues dans le monde ancien et moderne, Livre III, Paris 1981, S. 459—615.

48 Vgl. K. Nabrings/P. Schmitter, Spracherwerbsforschung. Eine Bibliographie zur Pädolinguistik, Münster [2]1980.

49 Vgl. H. Gipper (Hg.), Kinder unterwegs zur Sprache. Zum Prozeß der Spracherlernung in den ersten drei Lebensjahren, Düsseldorf 1985.

50 Vgl. dazu die beiden Artikel von H. und M. Papoušek, S. 33—47 und 48—64 in diesem Band.

51 Vgl. R. Jakobson, Kindersprache, Aphasie und allgemeine Lautgesetze (1944), Frankfurt a. M. 1969.

52 Vgl. H. Gipper, Vom Aufbau des sprachlichen Weltbildes im Prozeß der Spracherlernung in den ersten drei Lebensjahren, Wirkendes Wort 3 (1979) S. 165—180.

53 Vgl. R. A. Spitz, Die Entstehung der ersten Objektbeziehungen. Direkte Beobachtungen an Säuglingen während des ersten Lebensjahres, Stuttgart ³1973, S. 7.
54 Vgl. W. v. Humboldt, Über die Verschiedenheit des menschlichen Sprachbaues... Gesammelte Schriften, a. a. O., VII, S. 46.
55 Vgl. alle hier zitierten Stellen bei W. v. Humboldt, Ueber das vergleichende Sprachstudium in Beziehung auf die verschiedenen Epochen der Sprachentwicklung (1820), Gesammelte Schriften, a. a. O., IV, S. 15.
56 Vgl. H. Gipper, Der Mensch als Sprachwesen, Studium generale Wintersemester 1982/83, Münster 1984 (Schriftenreihe der Westf. Wilh. Universität Münster), bes. S. 54 f.
57 Vgl. dazu: L. Malson, Les enfants sauvages. Mythe et réalité, Paris 1964, bes. Chap. III: Les trois expèces d'homines fèri et leurs plus célèbres exemples, S. 77 ff.
58 Vgl. dazu A. Dolgopolski, Boreisch-Ursprache Eurasius, Bild der Wissenschaft (1973) S. 1140–46; V. M. Illič-Svityč, Opyt sravenija nostratičeskich jazykov (semitochamitskij, kartvel'skij, indoevropeisjkij, ural'skij, dravidijskij, altajskij). Vvedenie. Sravnitel'nyj slovar' (b-K), Moskva 1971.
59 Vgl. B. Rensch, Homo sapiens. Vom Tier zum Halbgott, Göttingen 1959, bes. S. 128 und S. 143.
60 Vgl. J. W. v. Goethe, Maximen und Reflexionen, Nr. 367.
61 Vgl. K. W. Marek, Provokatorische Notizen, Reinbek bei Hamburg 1962.

Grenzen der Sprache

1 An. Post. B 19.
2 Vgl. Plato, Philebos, S. 48 a ff.
3 Vgl. hierzu den Beitrag von H. Gipper, »Sprachursprung und Spracherwerb. Phylogenetische und ontogenetische Probleme der Entwicklung des Menschen in heutiger Sicht«, in: Evolution und Menschwerdung. Über Entstehung und Wesen der Sprache, hg. von W. Böhme, (= Herrenalber Texte 66), Karlsruhe 1985. H. Gipper beschreibt dort im Kapitel »Der Spracherlernungsprozeß beim Kleinkind« die Sprachentwicklung als einen wachsenden Differenzierungsprozeß, der von Globalwörtern, die kategorial und funktional noch nicht festgelegt sind, zum Erwerb der Begriffsgliederungen der Muttersprache führt.

Sprache – Haus des Seins?

1 Die Grammatologie von J. Derrida wird zitiert nach der deutschen Übersetzung, Frankfurt a. M. 1974 und 1983). Zu Paul Celans Eiszeitgedichten vgl. die Interpretationen in meinem Buch »Die Frage nach der Kunst«, Freiburg/München 1984, S. 347 ff. Zur Kontrastierung der Religionsphilosophie von Nishitani und Levinas vgl. in meinem Buch »Heidegger und die hermeneutische Philosophie«, Freiburg/München 1983, S. 353 ff.

Der Mund der Schöpfung

1 M. Luther, Sämtliche Schriften, hg. von J. G. Walch, Bd. I, St. Louis ²1880, S. 26.
2 C. F. von Siemensstiftung (Hg.), Der Mensch und seine Sprache, Frankfurt 1979, S. 277 ff.
3 A. Augustinus, Gottesstaat, XXIII, 30.
4 F. Stier, An der Wurzel der Berge, Freiburg 1984, S. 188.

Verfasser der Beiträge

Karl J. Narr (1921), Dr. phil., Professor, Seminar für Vor- und Frühgeschichte der Universität Münster; Veröffentlichungen u. a.: Urgeschichte der Kultur (1961), Kultur, Umwelt und Leiblichkeit des Eiszeitmenschen (1963), Studien zur älteren und mittleren Steinzeit der niederen Lande (1968), Handbuch der Urgeschichte (1966–1975).

Hanuš Papoušek (1922), Prof. Dr. med. Dr. Sc., Arzt für Kinderheilkunde, wiss. Leiter der Arbeitsgruppe Entwicklungspsychobiologie am Max-Planck-Institut für Psychiatrie München; zahlreiche Originalveröffentlichungen auf dem Gebiet der Entwicklungspsychobiologie, u. a. zu folgenden Themen: menschliche Verhaltensontogenese, Frühentwicklung des Lernens und Denkens, Anfänge der Sprachentwicklung, Evolution der elterlichen Fürsorge, intuitive elterliche Didaktik.

Mechthild Papoušek (1940), Dr. med., Ärztin für Psychiatrie und Neurologie, wiss. Assistentin am Max-Planck-Institut für Psychiatrie München; Veröffentlichungen u. a.: zahlreiche Arbeiten auf dem Gebiet der Entwicklungspsychobiologie über vorsprachliche Kommunikation zwischen Eltern und Säugling, Anfänge der Sprachentwicklung und intuitive elterliche Fürsorge für die Entwicklung von Denken und Sprache.

Helmut Gipper (1919), Dr. phil., Professor, Institut für Allgemeine Sprachwissenschaft der Universität Münster; Veröffentlichungen u. a.: Bausteine zur Sprachinhaltsforschung (^{2}1969), Gibt es ein sprachliches Relativitätsprinzip (1972), Denken ohne Sprache (^{2}1978), Kinder unterwegs zur Sprache (Hg., 1985).

Hans-Georg Gadamer (1900), Dr. phil., em. Professor, Philosophisches Seminar der Universität Heidelberg; Veröffentlichungen u. a.: Wahrheit und Methode (1975), Vernunft im Zeitalter der Wissenschaft (1976), Poetica (1977), Lob der Theorie (1983), Heideggers Wege (1983).

Otto Pöggeler (1928), Dr. phil., Direktor des Hegel-Archivs der Ruhr-Universität, Bochum, o. Mitglied der Rheinisch-Westfälischen Akademie der Wissenschaften; Veröffentlichungen u. a.: Hegels Idee einer Phänomenologie des Geistes (1973), Philosophie und Politik bei Heidegger (^{2}1974), Der Denkweg Martin Heideggers (^{2}1983), Die Frage nach der Kunst. Von Hegel zu Heidegger (1984).

Wolfgang Böhme (1919), Dr. jur., Pfarrer und Direktor der Evangelischen Akademie Bad Herrenalb; Veröffentlichungen u. a.: Zeichen der Versöhnung – Beichtlehre für evangelische Christen (1956 und 1969), Die sieben Tage Gottes – über Grundfragen menschlicher Existenz (1959), Das Kamel und das Nadelöhr – über Wohlstand und Christentum (1964), Selbstverwirklichung und Liebe – der Weg der Frau zu sich selbst (1977), Weisheit und Erkenntnis – Predigten zum Mitdenken (1978), Gotteserfahrung – neue Predigten (1980), Vom inwendigen Menschen – Predigten zur Zeit und zur Unzeit (1983).

HERRENALBER TEXTE

Eine Schriftenreihe zum interdisziplinären Dialog, herausgegeben von Wolfgang Böhme.

„Die Liebe soll auferstehen"
Die Frau im Spiegel romantischen Denkens   HT 59

Die Romantik hat ein neues Konzept von Liebe und Ehe entworfen, das bis in unsere Tage hinein weiterwirkt. Daran haben vor allem die Frauen der Romantiker, allen voran Bettina von Arnim, mitgearbeitet, aber auch der Theologe Schleiermacher. Sinnlichkeit und Geist sollten sich vermählen, wahre Liebe möglich werden, in der sich ein „Übergang vom Sterblichen zum Unsterblichen" vollziehe.

Feiern wir das Abendmahl richtig?   HT 60

Das Abendmahl hat in den letzten Jahren, nicht zuletzt durch die Kirchentage, erfreulich an Bedeutung gewonnen. Besonderer Beliebtheit erfreut sich, insbesondere bei Jugendlichen, das „Feierabendmahl", bei dem Sakrament und Mahlzeit ineinander übergehen. Ist dabei aber noch die „richtige" Verwaltung des Abendmahls, von der unsere Bekenntnisschriften sprechen, gewährleistet? Was ist die Mitte der Sakramentsfeier? Welche Form ist ihr angemessen? Einige Theologen, darunter die Professoren Kretschmar, Ruhbach und Seitz, haben zur Klärung dieser Fragen Thesen veröffentlicht, die sie in den Beiträgen dieses Bandes ausführlicher entfalten.

Anders heilen – Über Heilkunst und Wissenschaft   HT 61

Das Unbehagen an der modernen Medizin greift um sich. Ihr wird vorgeworfen, allzusehr auf die Technik und chemische Hilfsmittel zu vertrauen. Naturgemäße Heilmethoden hingegen werden zunehmend populärer. Können Schulmedizin und Naturheilkunde voneinander lernen? Welche Mißbräuche und Gefahren gibt es? Ursachen und Motive alternativer Heilweisen werden von Medizinern und Psychologen untersucht.

Neuerscheinungen

Lügen wir alle?   HT 62
Zeitkritische Überlegungen

Die Manipulation des Menschen durch die Medien ist ein Schreckgespenst unserer Zeit. Schneller denn je lassen sich heute Lügen verbreiten, kann uns Realität vorgegaukelt werden. Kaum jemand ist gegen die Lüge gefeit. Auch Politiker stehen im Verdacht zu lügen. Gehört die Lüge zum Wesen des Menschen? Können wir der Lüge nicht entgehen? Oder ist es so, wie der Psychotherapeut Robert Strubel meint: „Wenn wir lügen müssen, so liegt das nicht nur an peinlichen Situationen, die uns gleichsam von außen zum Lügen nötigen, sondern auch an unbewußten Beweggründen, die uns sogar gegen unseren Willen zum Lügen verleiten können."?

Wo ist Gott zu finden?   HT 63
Über Orte der Gottesbegegnung

Der Mensch sehnt sich danach, Gott zu begegnen. Aber wo und wie ist das möglich? Kann man ihn in der Ikone anbeten? Gibt die Kunst eines Chagall oder Beckmann von ihm Zeugnis? Oder ist er im „Seelengrund" zu finden, wie die Mystiker meinten? Dorthin gibt es jedoch, wie der Theologe Josef Zapf zu bedenken gibt, keinen festgesetzten Weg: „Es gibt nur den Weg auf vielerlei Weise. Jeder muß seinen eigenen Weg finden. Nur die Richtung ist gleich. Das dunkle Licht des Grundes aber ist dasselbe." Das vorliegende Buch geht dieser Problematik nach und gibt auch den Aussagen einer christlich bestimmten Psychologie Raum.

Preis pro Band: 5,80 DM, im Abonnement: 4,– DM. Lieferung durch die Evangelische Akademie Baden: Postfach 22 69, Vorholzstraße 5, 7500 Karlsruhe 1, Telefon (07 21) 16 82 91.